超级玩家

以150个超级客户为中心
引爆增长

孟 跃◎著

中国商业出版社

图书在版编目（CIP）数据

超级玩家：以 150 个超级客户为中心引爆增长 / 孟跃著. -- 北京：中国商业出版社, 2025. 5. -- ISBN 978-7-5208-3369-1

Ⅰ. F274

中国国家版本馆 CIP 数据核字第 2025B6Q266 号

责任编辑：杨善红

策划编辑：刘万庆

中国商业出版社出版发行

（www.zgsycb.com 100053 北京广安门内报国寺 1 号）

总编室：010-63180647　编辑室：010-83118925

发行部：010-83120835/8286

新华书店经销

香河县宏润印刷有限公司印刷

*

710 毫米 ×1000 毫米　16 开　13.75 印张　160 千字

2025 年 5 月第 1 版　2025 年 5 月第 1 次印刷

定价：88.00 元

****

（如有印装质量问题可更换）

人们追求的不是准确性，而是确定性。

——摩根·豪泽尔

不可能三角

在购物时，消费者总是既要高品质（更好），又要独特性（不同），还要经济性（低价）。但在常规市场环境下，受成本、资源、竞争等因素制约，这三个要素往往难以同时实现最优配置，共同构成需求层面的"不可能三角"。

如何突破这一困境？本书提出了极具创新性的"EBDA 模型 = 共情 ×（更好 × 不同 × 低价）"。该模型将共情（Empathy）作为起点和操作系统，构建需求坐标系，借助在更好（Better）、不同（Different）、低价（Affordability）三个维度之间实现非对称突破与动态平衡，有效破解传统商业逻辑框架下的"不可能三角"难题。

通过对特斯拉、Costco、小米、元气森林、Lululemon、完美日记、SHEIN、三顿半等众多成功案例的公开数据，运用 DeepSeek 进行综合分析，结果显示，实施 EBDA 模型的企业用户留存率普遍比行业高 30% ~ 50%，验证了其破解"不可能三角"的有效性。具体而言，特斯拉用户留存率达 90%（比传统车企高 40 个百分点），Costco 全球会员续订率高达 90%，小米 MIUI 月活用户留存率 85%（远高于安卓手机平均的 60%），元气森林用户留存率超过 70%，Lululemon 会员复购率 65%（是行业平均的 2 倍），完美日记用户复购率超过 50%（远高于行业平均的 20%），SHEIN 用户复购率超过 40%，三顿半用户复购率超过 40%。基于这些分析数据的综合推断，进一步证实了 EBDA 模型在提升用户留存与复购方面的显著成效，凸显了其在商业实践中的应用价值。

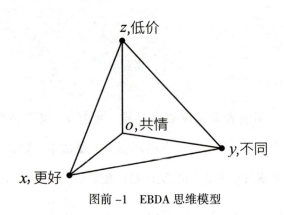

图前 -1　EBDA 思维模型

如图前 -1 所示，EBDA 模型作为超级玩家的战略思维操作系统，其应用主体具有多元化特征，既包括企业组织，也涵盖企业决策者或创业者。从应用者视角出发，该模型能够演进至一种终极形态：**"超级玩家 = 客户需求代言人 × 产业规则重塑者。"** 超级玩家以目标客户为核心，依据人性底层需求来制定战略规划与行动方案。凭借深度共情，超级玩家精准代言客户需求，甚至将自己融入客户角色，化身"超级客户"，以创新思维与系统能力，在动态平衡中攻克"不可能三角"难题，重塑行业成本与价值规则，为企业增长注入全新动力。

　　"关键少数" 法则表明，秉持"以客户为中心"的理念，精准锚定"关键少数"客户，将"以 150 个超级客户为中心"作为关键着力点，以此撬动精准高效的"小而美的增长"，这是一条确定性极高的增长路径，也是本书"第一章"的核心要义。

　　第二章聚焦于"超级客户"这一关键主体，深入剖析"以客户为中心"理念在实际落地时受阻的内在原因，并从超级玩家的独特视角出发，提出具有针对性的解决策略；第三章则重点解构"超级玩家"及其"EBDA 模型"，旨在破解客户需求"不可能三角"的进程中，积极探寻兼具创新性与可持续性的增长模式；第四章提出借助"超级道场"破解"不可能三角"的新思路，重构"人⇌货⇌场"关系，打造小而美的增长闭环，实现"超级社群品牌"与"超级个人品牌"的重塑与升级。

　　限于个人水平，虽全力以赴，但书中难免存在不足，敬请读者朋友指正；最后，向选择本书的朋友致以诚挚的谢意。

序言

确定性增长

人们追求的不是准确性，而是确定性。

——摩根·豪泽尔

人世间，善变的是人心，不变的是人性，以不变应万变，是人生的大智慧。亚马逊公司创始人杰夫·贝索斯曾说，人们经常问他未来 10 年会发生什么变化，但是几乎没有人问他"未来 10 年不变的是什么"，他认为，第二个问题比第一个问题更重要。因为，你需要将你的战略建立在不变的事物上。增长，无疑是企业永恒的追求。但有趣的是，人们在追求增长的道路上，往往更在意的并非增长的准确性，而是增长的确定性。之所以确定性比准确性更重要，是因为确定性的事情更能塑造我们的未来。贝索斯说，毫无疑问，围绕物美价廉和快速交货这些不变的人性来制订计划，才能从容地应对未来。站在未来看现在（future-back thinking），制定增长战略时，我们更应着眼于那些不变的因素，而非被善变的事物牵着鼻子走。

在当今时代，物质的极大丰富已成为社会的显著特征。人们的欲望不再局限于物质层面的满足，而是开始向更高层次迈进，对精神世界的追求变得越发强烈。消费者不再仅仅满足于产品的实用功能，他们更渴望在消

4

费过程中获得情感共鸣、独特体验以及社交满足。面对这种变化趋势，企业应积极做出战略调整，实现从单纯聚焦产品有形价值，向着重关注客户社交、体验、情绪等无形价值的转变。这一转变标志着商业理念从传统的有形产品思维跨越到了更具前瞻性的无形价值思维，从局限于产品本身的边界拓展到了无限的客户体验与情感连接领域。这种思维的跃迁，为时代注入了更多的不确定性因素。于是，一个关键问题浮现：我们能否在这纷繁变化中洞察规律，进而摸索出实现确定性增长的秘诀呢？按照常规思路，人们往往会从竞争战略、品牌定位、营销模式、爆品策略和组织变革等维度去寻求答案。然而，这些方法虽然在一定程度上具有指导意义，但也存在着明显的弊端。它们常常过于复杂，涉及众多的理论模型和实践操作，让人在实际应用中感到困惑和迷茫。

其实，现代管理学之父彼得·德鲁克（Peter F.Drucker）早就点明：**"没有客户，就没有企业。"**他认为，企业唯一正确且有效的目的就是创造客户。在竞争激烈的当下，企业常把目光放在开拓更大市场或深耕细分领域，以求增长。但实际上，增长的关键并非这些，而是创造客户。市场规模与细分只是表象，没有客户支撑，一切都是空谈。只有创造客户才是企业生存和发展的根本动力和源泉。**经营企业，唯独客户是给你钱的。**"客户至上"是一门深刻的商业哲学。但是，我们也必须明白"依靠新客户，无法拯救企业"。尽管依靠"现有客户"固然重要，但也不是所有的客户都值得拼尽全力。为了避免让"以客户为中心"陷入"平均值思维"陷阱，我们应该将镜头和视角聚焦在约占"以客户为中心"客户总数10%的超级客户身上，建立一个"以超级客户为中心"引领增长的框架。

不过，"以超级客户为中心"这一理念虽方向正确，但还是缺乏足够的精准度与实操性。因此，我们有必要进一步将"以超级客户为中心"的理念推向极致，重建一个**"以 150 个超级客户为中心"**作为关键支点，撬动"小而美的增长"的新路径、新模式。这是一个比较理性的战略选择，更加适用于处在经济低迷和低增长时期的企业。小而美的增长，不求更快，而是更久。只要秉承着**"只要不比前一年更差"**的稳健心态，小而美的增长就能自带确定性。这种心态促使企业更加关注增长的可持续性，不再"盲目扩张"式地追求更多、更快。毕竟，更多≠更好，更快≠更久。

那么，为什么要锚定"以 150 个超级客户为中心"，而非 50 个、100 个、200 个，或其他数字呢？主要是因为，150 是一个神奇的数字，它由英国人类学家罗宾·邓巴（Robin Dunbar）提出，被称为"邓巴数字"（Dunbar's number），也叫 150 定律（Rule of 150）。以 150 个超级客户为中心，以超级道场为支点，撬动小而美增长的思维，是企业叩开确定性增长大门的钥匙。这种增长思维有助于企业探索一条可持续发展路径，只要我们能够持续积累势能，未来定能收获更多的惊喜。

≪ 目录 ≪

第三章　超级玩家

第四章　超级道场

第一章
小而美的增长

人很渺小，所以小的是美好的，想成为硕大无比就是自我毁灭。

——E.F. 舒马赫

如今，我们正在步入一个小而美的增长新阶段。"小"指的是聚焦超级客户，追求确定、适度规模的增长；"美"则是指特色和盈利，追求极致的差异化，竭尽全力地盈利，让企业变得更好、更美。

反观过去，不顾一切地追逐规模性增长，特别是那些通过"加大投入"或者"牺牲利润"来换取的增长，以及**"增收不增利"**的增长模式，从长远视角审视，实则潜藏着诸多隐患，未必能为企业带来真正的益处。毕竟，企业的核心目标在于创造客户，增长不应成为盲目追求的终点，而应是成功创造客户后自然而然衍生出的结果。企业应当回归本质，以超级客户为中心，精耕细作，在小而美的增长路径上稳健前行。

曾国藩曾留下一句经典名言："天下事当于大处着眼，小处下手。"追求增长之道，亦是同理。企业增长不应只着眼于宏大愿景，还需切实落地执行。不妨从聚焦第一个超级客户开始，逐步拓展，直至拥有约150个超级客户。以这150个超级客户为中心构建增长战略，本质上是在企业内部重塑一个小而美的增长框架。这一框架聚焦于"关键少数"客户群体，通过深度挖掘与服务，为企业增长提供坚实有力的支撑。

参考MVP（最小可行性产品，Minimum Viable Product）思维，"以150个超级客户为中心"的增长框架，堪称**"最小可行性增长"**（Minimum Viable Growth, MVG）模型。这一模型，既能让企业避免单纯的理论假设、成本高昂又旷日持久的研究工作，又能快速地进行迭代和完善，高效呈现出一个你想要的、可行的、可持续的增长路径和成果。

一、从1 000到150个超级客户

以客户为中心不是平均值思维，伟大的想法不应该浪费在错的人身上。

2008 年，互联网教父凯文·凯利（K.K）在《技术元素》上发表了一个著名理论——**1 000 个铁杆粉丝理论**——为了谋生，作为一名工匠、摄影师、钢琴师、设计师、作家、发明家或创业者，你只需要 1 000 个铁杆粉丝，并不需要数百万粉丝。铁杆粉丝被定义为购买你生产的任何产品的真正粉丝，其中有两点必须注意：一是这些产品必须是你自己生产的，二是这些粉丝必须是你直接联系的。只有这些愿意为你付费的、超级信任和喜欢你的粉丝，才是你的真正粉丝，1 000 个铁杆粉丝的价值比你在微信视频号、抖音、快手和小红书等 App 上的 10 万粉丝更重要。与其弱弱地影响 10 万人，不如精准地影响 1 000 人。当然，数字 1 000 不是绝对的，数量不是目的，质量才是根本，它的意义在于其粗略的数量级——大概四位数的铁杆粉丝就能让你衣食无忧。根据**"1% 法则"**（每天进步 1%，一年后就会有 36 倍多的价值积累；即便是每周进步 1%，一年后也能实现 67% 的增长），如果每天增加一个新的铁杆粉丝，只需三年时间就可以增加到 1 000 个。这是一个非常理想的幸运数字，也是你实际上更有可能达到的境界。也就是说，一个能够依靠自身专业的力量拥有 1 000 个铁杆粉

3

丝的人，堪称一个**"超级玩家"**。

相比而言，邓巴数则是一个更为理想的幸运数字。英国人类学家罗宾·邓巴（Robin Dunbar）提出"150 定律"（研究的是人类有效社交网络的极限），他认为，人类智力将允许一个人能够拥有稳定社交网络的人数是 148 人，四舍五入大约是 150 人。也就是说，不管你与什么样的人交往，不管社交媒体多么发达，最重要的是，你只有 150 人的名额。《引爆点》的作者马尔科姆·格拉德维尔认为，150 是神奇的数字，也是一个引爆点，一旦超过了这个数，客户群体统一的观念、一致行动的能力和秩序就无法控制，群体内部就会分裂，紧密的关系就不复存在。由此可见，1 000 个铁杆粉丝理论也需要遵循 150 定律，至少要在内部聚焦打造一个以 150 个超级粉丝为中心的引爆点，并通过超级粉丝中的关键人物（联系员、内行和推销员）持续激活整个铁杆粉丝群，从而影响更多的粉丝和用户。在这个策略的指导下，你可以充分地发挥 1 000 个铁杆粉丝理论和 150 定律的好处，认识到聚焦 150 个更高级别的铁杆粉丝的重要性。根据**最小阻力法则**，如果每周增加一个新的超级粉丝，你只需三年时间就可以增加到 150 个，这一过程会让 1 000 个铁杆粉丝理论自然而然地应验到你的身上。150 定律会让 1 000 个铁杆粉丝理论变成一个水到渠成的事情。也许，拥有 1 000 个铁杆粉丝的超级玩家之所以不多见，是因为他们在铁杆粉丝管理上缺少了 150 定律的补充和运用。

铁杆粉丝里的核心，就是超级粉丝，也称为超级客户（使用产品的是粉丝/用户，愿意买单的是客户）。**"超级"** 二字，总让人兴奋，因为它大概率意味着很厉害的好东西。不过，超级的定义因人而异，对我而言，超级客户就是权重更高的忠实客户。一个超级客户的影响力已然不容小觑，可当150个超级客户会聚在一起时，其能量便如核聚变大爆发，影响力就会呈指数级增长。一个人带动一群人，一群人引爆一个更大的市场，释放出超乎想象的商业价值。正如格拉德维尔所言，如果你要想发起一场更大规模的流行，那就必须先在更多个150人以内的超级客户群内发起小规模的流行。为了让"以客户为中心"不再是一句华丽空洞的口号，企业领导人除了要花时间组织超级员工以外，还要花费足够的时间和精力去组织超级客户，从小处着手，为每一个超级客户挺身而出，就像苹果邀请核心客户提前体验新品、特斯拉的马斯克和小米的雷军亲自为首批车主交付车辆一样，这些举措均彰显了企业对超级客户的高度重视。

二、以150个超级客户为中心

以150个超级客户为中心的超级社群，足以形成一个小而美增长的引爆点。

在管理理论中，"客户"是最灵活的术语之一，它包括参与公司价值链的任何成员，甚至内部单位。更何况"以客户为中心"很容易让我们陷入**"平均值思维"**，从而对客户一视同仁。正因如此，尽管"以客户为中心"的战略价值不言而喻，但很少有管理者能够彻底将其全面实施。

解决这一问题，**"将不平等最大化"**不失为最佳策略之一。对于企业而言，并非所有客户都具有同等重要性，不同客户为企业创造的价值呈现出显著的不均衡态势。就拿超级客户来说，他们通常仅占"以客户为中心"客户总数的 10%，但贡献值却高达所有客户收入的 50%。更重要的是，超级客户自带强大的**"传染力"**。在五级客户分类体系中，他们能吸引铁杆、稳定、游离和试用客户。因此，把有限资源精准投给价值高、潜力大、示范效应强的超级客户，着力构建以 150 个超级客户为中心的社群，必能打造出带动业绩增长的"增长极"。

由此可见，以 150 个超级客户为中心构建的社群，堪称撬动小而美增长的强力支点。只要你能够满足他们的所需所想，就会有奇迹发生。一个小而美的"增长极"，足以驱动整个企业实现超级增长。**"增长极"**概念是由法国经济学家弗朗索瓦·佩鲁提出来的，他认为："增长并非出现在所有地方，而是以不同强度首先出现在一些增长点或增长极上，这些增长点或增长极通过不同的渠道向外扩散，对整个经济产生不同的最终影响。"以 150 个超级客户为中心，就是在重新建立一个小而美的增长极系统，这需要在思维方式、人才团队、管理机制、企业文化各方面提供支持和保证。企业可以通过一个小而美的增长极，得以实现以确定性的增长战胜不确定性的竞争。正如艾迪·尹在《超级用户：低成本、持续获客手段与赢利战略》一书中所言："寻找最富有激情的用户，倾听他们的诉求，与他们接触；了解他们的品位、情感、行为等；将精力投入能吸引广大潜在超级用户的领域；据此做出决策，协调并集中跨职能投资，创新产品与商业模式，满足用户的所需所想。"

从 1 000 个铁杆粉丝到 150 个超级客户，再将大约 150 人超级客户群整合成一个小而美的增长极系统，就是一个将"以客户为中心"更加彻底地、全面地实施过程。这个过程会让我们逐步减少对竞争对手的关注度，增加对超级客户以及铁杆客户的关注度，并让企业从容地摆脱价格战、广告战和终端战等正面战场的鏖战。一个超级客户就可能带来 1% 的增长，更何况是从 1 到 150 个呢。根据尼尔森的数据，超级客户的消费力是一般客户的 5 ~ 10 倍，**超级客户每增长** 1%，就会带来 10% ~ 15% 的新客户增长以及 20% ~ 25% 的销量增长。

当今，我们已然置身于数字化高速发展的浪潮之中。然而，令人遗憾的是，大多数企业仍对自身的超级客户群体知之甚少。他们既不了解究竟拥有多少超级客户，也不清楚这些超级客户究竟是谁、身处何方；更无从知晓，到底是谁在与这些超级客户保持直接联系。对于超级客户为企业贡献的价值大小，企业同样缺乏清晰的认知。不仅如此，他们对超级客户的真实反馈以及消费体验，也处于茫然无知的状态。甚至，就连超级客户的数量究竟是在稳步增长，还是悄然流失，企业都未必能做到心中有数。

三、建立1V150的管理机制

决定你一生命运的不是聪明的头脑和强壮的身体，而是思维方式。

马明哲在《平安心语》中写道："人为先，策为后。没有合适的人，再好的策略也没有意义。"正如亚马逊创始人杰夫·贝索斯所言：成功的关键不在于做什么（what），怎么做（how），而在于谁来做（who）。以150 个超级客户为中心，就是先做**"最小可行性增长"**（MVG），再逐步形成一套小而美的增长极系统，其成功的关键就在于谁来做（who），谁来承担主要责任和关键角色。

常言道"知易行难"，纸上得来终觉浅，绝知此事要躬行。"以客户为中心"的道理比较容易理解，但实践起来却显得异常困难，其中一个主要原因就是，大多数企业并没有一个统一负责"以客户为中心"的人员或部门，甚至不存在这样的岗位设置，更缺乏配套的工作方法、目标和绩效。因为没有实际负责人，大部分企业声称以客户为中心都是纸上谈兵，并未将这些概念内化或是真正将以客户为中心的策略变成行动。尽管陆续有些卓越的企业通过设立首席体验官（Chief Experience Officer，CXO）或首席客户官（Chief Customer Officer，CCO）来解决这个难题，但由于预算的限制，或是还处于对客户体验的投资回报的考察阶段，大部分企业都没有建立专门的客户体验团队。即使是已经建立了用户体验团队，大多也规模较小。根据2019年Forrester的调查，只有8%的客户体验团队拥有超过50名成员。最常见的情况是，团队只有10个或更少的成员，这种规模的团队比例达到64%。

如何有效地、可视化地提升"以客户为中心"的投资回报率（Return On Investment，ROI），这才是解决问题的关键。而解决这一难题的关键就在于彻底地打破**"客户平均主义"**，在占比约10%的超级客户中，以150个超级客户为中心，严格遵循150定律（Rule of 150，在最大限度上发挥一个人的有效社交极限），设立一个**实际负责人**，并为此再成立一个**指导委员会**（在最大限度上解锁充足的资源，尤其是跨部门协同），并制定相应的预算和费控机制，定期评估和优化投资回报率。这就是所谓的"1V150"的客户管理机制，它有利于把以客户为中心落到实处。尽管

80/20 法则指出了 20% 大客户创造了 80% 利润的重要性，但是，很遗憾，依然有很多企业并没有将足够的时间或资源花在这 20% 的铁杆客户，以及占比 10% 的超级客户身上。这是一个普遍存在的通病，而不是难题。

千人走路，一人领头。对待客户必须先发制人，积极地营造正面的从众心理，制造"羊群效应"（Herd behavior）。CEO 若要在企业内部实施一个小而美的增长方式，就必须任命一位经验丰富、全职投入的实际负责人，从而建立"一个实际负责人领导 150 个超级客户"的管理机制，以及在对超级客户实施"1 对 1"（one-versus-one，1v1）到"1 对 150"（one-versus-150，1v150）的管理过程中，既要制定合适的预算，又要明确合理的投资回报率，还要特别成立一个指导委员会作为组织保障。企业能否实现小而美的增长战略，关键在于企业实际负责人及其持有的思维方式。为了强调这一点的重要性，我特意将"以 150 个超级客户为中心"的实际负责人称为**"超级玩家"**，这样既能有别于首席体验官或首席客户官，又能吻合 1 000 个铁杆粉丝理论的调性，毕竟超级玩家和超级客户本就是同道中人，而非买卖中的甲方和乙方。

俗话说，物以类聚，人以群分。以组织和领导超级客户为目标的超级玩家，本身就是超级客户的化身。同理，超级客户也可以晋级担任超级玩家的角色。假设你想成为一个超级玩家，那你就必须心甘情愿地成为自家品牌最忠诚、最专业的超级客户之一，才能真正地站在客户的立场上，设身处地地为他们着想，并通过你的专业为他们出谋划策，成为帮助他们解决问题的专家、顾问。唯有如此，方能深度契合**吸引力法则**（Law of Attraction）中同类相吸的精神内核，从内心深处出发，与客户达成深度共情。凭借这份真诚与共鸣，持续吸引更多超级客户及其所属社群，共同引爆一个更大的市场。

　　例如，Lululemon（露露乐蒙）凭借一条瑜伽裤就成为全球第二大运动品牌，其成功的关键是采用了独特的社群营销模式，以 Super Girl（新中产高知独立女性群体）为中心，以门店作为体验**"超级道场"**，把所有线下门店员工培养成 Educator（教育家）**（超级玩家）**，并邀请当地最红的瑜伽老师**（关键人物）**担任品牌大师点燃社群，拥抱热汗生活（sweat life）。其创始人奇普·威尔逊（Chip Wilson）深刻洞察到，员工与客户的匹配度至关重要，"你的客户是什么样的，就得雇用什么样的员工；只有高素质的 Super Girl 店员，才能精准服务好 Super Girl，帮助她们找到契合自身需求的产品"。

　　同样，在培养超级玩家方面不遗余力的还有 LEGO（乐高）。乐高致力于培养"乐高专业认证大师"（LEGO Certified Professionals，LCP），以此来引领超级玩家社群，将乐高所倡导的创造力理念传递给每一位爱好者。之后，乐高乘胜追击，开启"乐高大使"计划，通过不懈努力，逐步形成了多达 360 个被官方认证的"乐高玩家团体"（LEGO User Group）。从露露乐蒙的品牌大使，到乐高专业认证大师，这些超级客户的角色早已超越普通消费者。他们摇身一变成为超级玩家，把个人兴趣转化为兼职甚至全职事业，全身心投入超级社群品牌的建设进程之中，不只是品牌的参与者，更成为品牌实际意义上的**"共建人"**，在品牌成长的长卷上绘下浓墨重彩的篇章。

　　彼得·德鲁克曾说，企业的唯一目标在于创造客户，而企业仅有的两个基本功能便是营销与创新。由此可见，决定企业命运的关键不是过人的天赋与资源，而是思维方式。企业领导人需将以客户为中心的理念、营销手段、创新思维深度融合，形成一个有机整体。在这样的背景下，**"以150人超级客户群为支点撬动增长"**的模式，堪称营销与创新的深度进阶。重新搭建一个由超级玩家引领，以150个超级客户为中心的小而美增长新框架，不仅能激发组织内部的创新潜能，还能释放团队的无限活力。长此以往，这一举措将助力企业打造出强势的超级玩家文化，让企业在激烈的市场竞争中脱颖而出，开拓出独属于自己的商业版图。

四、小而美的增长框架

追求小而美的增长，是一个战略新框架。

究竟何谓小而美的增长？

相较于跨越式、整体性增长，企业践行"小而美的增长"，实则是开启一个全新战略框架，遵循"既小且美"的增长战略。这里的"小"，意味着精准聚焦与适度规模，即聚焦超级客户，着眼于在更小业务单元上实现增长；"美"则代表特色与盈利，追求极致差异化，全力提升盈利能力，促使企业高质量发展。

简言之，**小而美的增长**，就是以150个超级客户为中心构建超级社群，将其作为增长的关键支点。在此基础上，深挖自身特色与优势，把差异化做到极致，竭尽全力地追求盈利与可持续增长，摒弃不计成本的盲目扩张，推动企业在市场中稳健前行。

与之相对，**"高大上"**（高速、大投入、上规模）的增长模式，本质上是一种不先找原因，便急于解决现有问题的行动。若一味追求跨越式、整体性的增长，企业不仅要投入海量的人力、物力和财力，还需获取更多的利润，同时承担更大的风险，这无疑需要付出数倍的努力。但实际上，"更多、更大、更快"并不等同于"更好"。大公司风险更大，因为维持运转需要源源不断的高额利润支撑。就像恐龙走向灭绝，或许正是因为其庞大身躯需要消耗过多食物，一旦食物供给不足，便难以生存。而寺庙能历经岁月长久存续，在很大程度上是因为能克制扩张的欲望，保持平稳发展。

常言道，"小鸡不尿尿，各有各的道"，企业发展亦是如此。不管是选择"小而美的增长"，还是"高大上的增长"，成功的关键都在于找到契合自身的生存发展之道。对于企业而言，即便采用"高大上"的增长模式，也应从中挖掘出"小而美"的增长点，聚焦超级客户服务，将增长建立在稳定与盈利的坚实基础之上，这无疑是极为明智的策略。

从本质来看，"小而美的增长框架"并非横空出世的全新概念，而是一直存在却未被你察觉的商业共识、常识。它深深扎根于我们的思维深处，只是从来没有被说出来，从来没有被唤醒而已。这种以150人超级客户群为支点撬动增长的模式，极具普适性。创业型公司能借助它，精准聚焦核心客户，用有限资源撬动高效增长，在激烈的市场竞争中站稳脚跟、逐步壮大。大型公司采用阿米巴经营模式时，小而美的增长模式同样不可或缺。它助力大型公司划分出独立核算、自主经营的小单元，各单元围绕超级客户精耕细作，激发组织活力，提升整体运营效率与盈利能力，实现灵活应变与持续发展。

1. 小而美的微笑曲线

在企业发展的进程中，我们常常面临诸多困惑：倘若整体增长停滞不前，我们应如何破局？如果摒弃对大规模增长的盲目追求，将盈利视为比增长更关键的目标，又该如何规划发展路径？又或者，当我们主动为增速设定上限，乃至主动降速时，企业前行的方向又在哪里？

这些问题促使我们重新审视增长策略，而"小而美的增长"概念应运而生。当我们开始深入探索这一增长模式时，便会清晰地认识到，"高大上的增长"并非在任何阶段都契合企业的发展需求，它不一定永远是企业实现长远发展的最佳方案。

玻璃大王曹德旺曾分享过福清老家的一句俗语："毛竹不可以不开花。"毛竹破土时爆发力惊人，一日能蹿高一米多。但照此毫无节制地生长，岂不是要把天都捅破？曹德旺引用这句俗语，实则寓意深刻，他指出一个国家或企业的发展绝不可能是一条毫无波折的上扬直线。他反复提及这句话，正是为了强调发展之路充满坎坷，良性的经济发展模式应是沿着波浪形轨迹，虽有起伏，但整体稳步向前。

这一观点在企业发展实例中得到了印证。贵州茅台集团自 2016 年起，连续 9 年保持两位数增长。2023 年，营业总收入达 1476.94 亿元，同比增长 19.01%；净利润为 747.34 亿元，同比增长 19.16%。汾酒集团自 2017 年起，连续 8 年保持 20% 以上的增长速度，仅在 2020 年受疫情影响，营业总收入为 139.90 亿元，同比增长 17.76%，净利润 30.79 亿元，同比增长 58.84%。在众人羡慕茅台和汾酒的高速增长时，却鲜有人关注到这些国企领导人所面临的巨大压力。高速增长的企业犹如一只胃口渐大的猛虎，常令企业领导人**骑虎难下**。他们要么不断投入资源以维持增长，要么就会被企业增长的高要求反噬。一旦无法继续让企业保持高速奔跑（实现指数级增长），领导人就必须做出抉择：要么驯服这只"猛虎"，引导企业平稳发展；要么壮士断腕，主动降速，放弃一味追求高速增长，转而追求稳步前行，寻找更具可持续性的发展道路。

小而美的增长，恰似一条别具深意的微笑曲线。追求小而美的增长模式，更容易让企业在成长进程中掌握主动权，甚至可以自主设定增长上限，哪怕只是1%的增长目标也好。这种合理、稳定且盈利的增长模式，赋予企业真正的自主空间，让企业能够"微笑着"拒绝那些不符合自身发展规划的项目，或是不匹配的合作机会。彼得·德鲁克指出，企业的核心目标在于创造客户，基于此，企业具备且仅具备营销与创新这两个基本功能。虽然生产、财务、人力资源等职能同样重要，但它们本质上都是为营销和创新提供支撑。若将这三者有机融合，便形成了一个中心、两个基本点的关键架构，即企业的一切运作均以客户为中心，以营销和创新为基本着力点，且这一理念需贯穿企业的各个层级与部门。这里需要着重强调，创新是企业获取高额利润的关键驱动力之一，这一观点源自熊彼特的创新利润原理。小而美的增长框架，正是构建在**"一个中心、两个基本点"**之上。具体而言，就是"以150个超级客户为中心"，深度聚焦于"差异化营销"与"盈利性创新"，这一架构恰似笑脸中的鼻子与嘴角。在微笑嘴形这条神奇曲线上，鼻子位于中间，两边嘴角上扬。类比到企业增长过程中，附加值主要集中在两端，也就是差异化营销与盈利性创新，而处于中间环节的其他工作，附加值相对较低。

参照图1-1，小而美的增长模型呈现为一条别具一格的**微笑曲线**。其中，150个超级客户构成了曲线的核心，宛如微笑面庞中的鼻子，稳稳占据中心位置。曲线上扬的两端，分别代表着差异化营销与盈利性创新，这两者是推动企业增长的关键力量。这一小而美的微笑曲线，灵感来源于宏碁集团创办人施振荣先生为实现"再造宏碁"所提出的著名"微笑曲线"（Smiling Curve）理论。该理论指出，在产业链中，附加值分布存在显著差异，两端的设计与销售环节附加值较高，而处于中间的制造环节附加值相对最低。小而美的增长模型巧妙借鉴这一原理，将超级客户作为核心驱动，围绕差异化营销与盈利性创新，探索出一条独具特色的增长路径。

以150个超级客户为中心

差异化营销　　　　　　　　　　　盈利性创新

图 1-1　小而美的增长是一条微笑曲线

世界上没有所谓的"持续增长"，一旦放下这个执念，你的工作将不再是追求无止境的增长、不计成本地扩张或是打败竞争对手，而是专注于超级客户（以客户为中心），为他们提供极致差异化的产品与服务，让他们从生活与工作中受益，留住并说服他们持续消费，从而实现小而美的增长和利润。

对于企业领导人而言，这种小而美的增长模式，恰似一条能够带来温馨与满足感的"微笑曲线"。它意味着在追求企业发展的过程中，不再需要时刻奔波忙碌，而是有可能拥有更多的闲暇时光，甚至可以经常"回家吃饭"，享受生活与工作的平衡，感受企业稳健发展带来的从容与惬意。

以竞争对手为中心，是一条焦虑曲线

如果以客户为中心是一条微笑曲线，那么以竞争对手为中心的发展模式，无疑是一条焦虑曲线。企业越是努力参与竞争，与其他企业之间的差异性往往就越小，**"趋同效应"**导致品牌和产品越来越相似，越来越同质化，集体平庸。对标竞争对手，除了同质化之外，价格战同样无法避免，以价格竞争为手段，只会不断地阻碍企业的创新和发展。

竞争的根本目的在于自我发展，而非单纯超越对手，因为真正让企业陷入困境的，往往并非眼前的竞争对手。如图 1-2 所示，以竞争对手为中心的策略，犹如舍本逐末，抓不住发展的"牛鼻子"。曲线向下的两端，分别是同质化与价格战，这种"内卷式"竞争，必然会衍生出一条焦虑曲线。

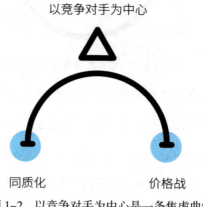

图 1-2　以竞争对手为中心是一条焦虑曲线

竞争对手的强大与不断涌现，本就令人焦虑，而更令人恐惧的是，真正打败你的，常常是那些你未曾察觉的对手。回顾商业发展历程，没有一位马车主能料到，终结马车时代的并非跑得更快、更舒适的马车，而是汽车；煤油灯的落败，并非因为亮度更高、续航更久的同类产品，而是电

灯的出现；方便面市场的份额被蚕食，并非缘于口味更好、更健康的方便面，而是美团、饿了么等外卖平台的崛起。借用刘慈欣在《三体》中的一句话"我消灭你，与你无关"。最可怕的敌人往往都不是你眼前的敌人，而是那些你根本意识不到的对手，谈笑间，让你灰飞烟灭。

查理·芒格曾讲过一句发人深省的话："手拿铁锤的人，看什么都像钉子。"他将秉持这种思维方式的人称作"铁锤人"。当面对形形色色的问题时，我们的大脑常常会依据过往经验迅速做出预判。在思维定式的影响下，一旦手中握着"铁锤"，就会下意识地认定周遭事物皆为"钉子"。那些仅局限于单一维度思考的"铁锤人"，极易陷入"一根筋""认死理"的思维困境。他们过度聚焦自身（me）与竞争对手（you），却对客户（her）的真实需求视而不见。如此一来，即便付出诸多努力，最终交付的成果也往往不尽如人意，在时代的快速更迭中，逐渐被无情淘汰。

亚马逊 CEO 杰夫·贝索斯也曾明确表示："亚马逊的使命是成为地球上最以客户为中心的公司。"他始终将亚马逊定位为"一个坚决以顾客为重心，反对以竞争对手为重心的理念践行者"。贝索斯将公司战略归纳为两类，一类是以竞争对手为导向，另一类则是以客户为导向。而战略的核心目标在于赢得客户（her）的青睐，而非战胜对手（you）。这就好比个人（me）追求心仪的女朋友，其目的是赢得美女的芳心，而绝非击败情敌。

具体分析如下：

■ **以竞争对手为导向**，开展对标管理与创新，好处在于能紧跟行业头部企业步伐，方向上不会轻易出错。然而，这一策略的弊端也相当突出，由于竞争对手的策略时常变动，企业不得不持续调整自身的跟进策略，疲于应付。

■ **以目标客户为导向**，关键在于深入研究客户。既要精准把握客户需求，为其创造价值，也要从自身技能中挖掘优势，持续强化。围绕目标客户需求制定战略，这样的策略往往更为稳定，有助于企业保持发展的连贯性。

德鲁克曾指出，企业的本质在于创造客户所期望的价值，而非单纯地赶超竞争对手。"以150个超级客户为中心"这一理念，精准地抓住了企业发展的**"牛鼻子"**，凭借这一关键核心，便能带动企业整体的良性发展，这无疑对企业赢得超级客户的优势与能力提出了更高要求。所以，唯有"以客户为中心，而非以竞争对手为重心"的战略规划，才是企业实现超越竞争的正确思维路径。所谓"以超级客户为中心"，堪称企业经营遵循的"天之道"，不争而善胜。

总而言之，以150个超级客户为中心，达成小而美的增长曲线，是一条能让企业气定神闲（战略恒定），且充满人性化（回家吃饭）的微笑曲线。与之形成鲜明对比的是，以竞争对手为导向，试图紧跟每一次市场变化的企业，不仅会分散对自身竞争优势的关注，还会引发严重的组织问题。这无疑是一条让企业陷入盲目攀比（战略失序）、疲于奔命（有家难奔）的焦虑曲线。

2. 小池塘里的荷花定律

1980年，美国学者迈克尔·波特（Michael E.Porter）在《竞争战略》一书中提出了三种极具成效的竞争战略：总成本领先战略、差别化战略以及集中化战略（专一化战略）。其中，集中化战略聚焦于特定用户群体、产品线特定部分或特定市场，将其作为企业的主攻方向。日本小林制药第四代社长小林一雅提出的"小池大鱼"经营理念，正是对"集中化战略"

的形象诠释。他还出版了《小池大鱼：在小市场里做出大生意》，书中指出，并非所有企业都能成为行业龙头，一些明智的企业会深耕细分市场，在小池塘里做"大鱼"，进而成为品类和市场占有率的王者。

"小池大鱼" 是典型的小而美经营思维，对大小企业均适用。在增长放缓阶段，大企业可借助"小池大鱼"策略，将区域市场和业务单元细分为一个个"小池塘"，针对小池塘里的目标客户群发力，打造以150个超级客户为中心的社群增长极，通过整合这些小池塘的增长极，实现更大规模的增长。诚然，大企业有时也能从"小池大鱼"理念中获取灵感，将在小池塘验证成功的产品和服务模式推广至更多小池塘乃至更大市场，实现快速、大规模增长。直接借鉴小企业验证过的成功模式，也是大企业可行的策略。对于小企业来说，"小池大鱼"的理念则是缩小战场，聚焦某一个细分市场做垂度和深度，以从1到150个超级客户为一个增长极，形成一个小而美的增长，成为一个小池塘里的大鱼。在竭尽全力追求盈利的同时，小企业要时刻警惕盲目扩张的诱惑，稳扎稳打，才能在市场中站稳脚跟。

"小池大鱼"是结果，而非过程。那么，企业究竟该如何循序渐进，成长为"小池大鱼"呢？在我看来，选准一个"小而美的池塘"，也就是精准定位细分市场，是至关重要的前提条件。而成长为"小池大鱼"的历程，恰似小池塘里的"荷花定律"，需从小处起步，持续沉淀积累，直至量变引发质变。荷花定律（Lotus's law），又称**"30天定律"**。假设在一个小池塘里，第一天仅有1朵荷花开，第二天荷花开放数量翻倍，此后每一天，荷花都以前一天两倍的数量盛放。令人惊奇的是，直到第29天，池塘里的荷花才绽放一半，而到第30天，整个池塘便被荷花铺满。这意味着最后一天荷花开放的数量，等同于前 29 天的总和。

荷花定律蕴藏着深刻的商业哲理：要成为小池大鱼，首先要精准锚定领域与方向，就如同选对那片孕育希望的小池塘。紧接着，至关重要的是选对第一朵荷花，也就是选对初始客户，全力促使其认可与支持，而后凭借吸引力法则，如同涟漪般影响下一朵荷花的绽放。就这样持之以恒，不断积累，直至在小池塘中成功打造出一片或多片约 150 朵荷花盛放的区域。最终，在关键时刻（Moment of Truth，MOT），如同 30 天定律所预示的那般，实现满塘荷花竞相绽放的盛景。

不难看出，荷花定律所展现的量变到质变的进程，与小而美的增长轨迹高度契合，二者可谓如出一辙。从小而美的增长过程来看，从 1 个超级客户逐步发展到 50 个，再到 150 个，只要能心无旁骛地将以超级客户为中心这件事坚持 30 天，积极的转变便会悄然发生。若能继续坚持，直至成功聚集约 150 个超级客户，一个小而美的增长极便会应运而生，进而引爆更大规模的增长。相较于**"21 天效应"**（即一个人的新习惯或理念的形成并得以巩固至少需要 21 天），30 天定律更为靠谱。当你真正将一件事坚持 30 天，就会深刻领悟到，人生的成功并非取决于运气与聪明才智，而是源自坚韧不拔的毅力。

2024 年 11 月，《哈佛商业评论》专栏刊载了华润啤酒董事会主席侯孝海的文章《荷花定律 + 涟漪理论：打开 CTB 营销新世界》。在文中，他指出**"荷花定律 + 涟漪理论"**共同构建起 CTB（Consumer to Business，消费者到企业）营销模式的完整逻辑。这一理论不仅适用于白酒行业，成为中高端白酒的基本营销理论，对啤酒行业同样适用，也可作为高端啤酒的全新理论支撑。

在撰写本书时，我有幸读到这篇文章，其中的观点极具启发性，也让我深入研究"小而美的增长"理论的决心越发坚定。接下来，我将梳理这篇文章的核心要点，分享给各位，希望能为大家带来新的思考与启发。

（1）甄选"荷花之母"，构建特色销售系统

精心挑选"关键人"（关键意见领袖，Key Opinion Consumer，KOC）作为"荷花之母"（超级客户），并由若干核心骨干（超级玩家）负责运营。打造一个完整的销售系统，严格遵循"喝起来、一直喝、喝服了"的九字真言。同时，结合回厂游、工厂体验日、封藏大典等酒旅融合活动，充分赋能关键人（KOC）。借助关键人的影响力，发动圈层社群、团购客户或终端老板，从而形成一个个荷花阵营，即小而美的增长极。

（2）划定"小池塘"，引发"涟漪效应"

明确"小池塘"的市场范围，以"关键人"品鉴为原点，深入推进纵深操作。在这一过程中，以赠、品为主要手段，突出"送"与"饮"，注重"口碑和信任"的打造。通过举办**三番五次**（喝三次茶、品五次酒）的社交活动，使 20%～30% 比例的目标客户群成为九字真言的核心群体（关键时刻），进而引发"涟漪效应"。正面口碑将如涟漪般逐圈扩散，影响一般客户、品牌向往者和关注者，在小池塘内营造出热烈的氛围，引发小区域或社群内的消费潮流，拉动实体门店 B 端（餐饮、超市、烟酒店）的消费氛围。

（3）实施"小区域，高占有"策略，抢占区域市场

推行"小区域，高占有"策略，精准覆盖关键人群的消费场所（餐饮、夜店、CVS 便利店）和消费场景（各种聚会、宴席）。尤其要聚焦"有效店建设"（荷花之店），做好关键人的激活、留存与裂变工作。从 C

端客户拉动 B 端门店（小盘），再从 B 端激活小区域市场（大盘），通过"盘中盘"营销模式（核心小盘驱动大盘）抢占区域市场。在小区域市场中，小公司可运用**"10 倍法则"**（思考和行动强度为他人的 10 倍），集中10 倍兵力在更小的战场上取得胜利。若小公司能维持到大型公司在小区域市场中的预算不足，便能在较长时间内保持相对竞争优势。

（4）加强数字化平台建设，升级 CTB 模式

数字化平台建设是 CTB 模式的基础支撑。扫码、数字运营管理作为中台，确保产品的准确赠送、品鉴，以及场所饮用和红包领取的顺利进行。更为关键的是，通过对关键人进行数字化管理（客户 ABC 分级管理），能够精准归因影响"转化率"的直接因素，如客户画像准确性、产品价格合理性、促销形式恰当性、消费体验友好度等。CTB 模式的下一步发展将逐步迈向关键人（群）定制服务，进一步升级为从消费者到客户再到工厂的C2M（用户直连制造，Customer to Manufacturer，C2M）**"短路经济"**模式。这种模式短路掉库存、物流、分销、总销等中间环节，节省中间成本，让消费者能够以超低价获得高品质产品。

实践作为检验真理的唯一标准，其重要性不言而喻。小池大鱼的经营理念、荷花定律所蕴含的哲理、涟漪效应的传播规律、CTB 模式的营销逻辑、免费+收费模式的盈利思路、盘中盘模式的市场策略、1 000 个铁杆粉丝理论的粉丝经济和150 定律的有效社交法则，以及小而美的增长模式，这些理论与模式要落地生效、实现"满塘荷花"的繁荣，不能照搬照抄，需亲身实践，在过程中依实际不断调整优化。

在现实市场环境里，企业运营是复杂的系统工程，鲜少仅依赖单一商业模式。事实上，多种商业模式相互融合、综合运用才是常态。正如《勾

兑营销》中所述，勾兑本质即综合，而综合能够催生创新。将不同知识、理念与模式巧妙"勾兑"，进行创新整合，往往能迸发"1+1 > 2"的增值效能，为企业发展注入全新动力。

3. 只要不比前一年差就好

日本企业家塚越宽提出"年轮经营"理念，把企业比作大树，主张经营要像年轮一样稳步生长。年轮紧密，企业才能抗风险；若扩张过快，年轮疏松，组织易出问题，企业就有危机。所以，企业经营守住"不比前一年差"的底线就好。

塚越宽认为，**"急速的成长不为上策"**，企业的真正价值在于永续经营。他曾说，在当前的经济界，大部分人都推崇快速增长。这恐怕是因为他们没有弄清楚，企业存在的根本意义是什么。换句话说，企业本身为什么要存在，追求增长的目的究竟是什么，很多人其实并不清楚。有太多企业很短时间内便快速增长成为巨头公司，但很快便衰退甚至倒下。正是受塚越宽思想的影响，丰田章男在丰田汽车 2014 财年决算发布会上宣布："今后的丰田汽车不会再勉强地盲目扩张求快，而是要追求持续性增长。"他甚至反省道："即使勉强实现了快速增长，但随之而来的快速下滑，其实会给很多人造成麻烦。经历了雷曼危机引发的赤字后，我深刻地学会了一个道理：不管面临什么局面，都要一年一年地切实刻画出'年轮'，实现可持续增长，才是最重要的。"

对于公司而言，增长的"底线思维"是"只要不比前一年差就好"。若要给公司增长赋予一个量化目标，我期望是 1%。美国作家汤姆·康奈兰的畅销书《1% 法则》，提出了极具启发性的全新成功法则（1% 法则）。

依据"1%法则"，每天精进1%，一年后就能实现超36倍的价值积累，凭借这样的点滴积累，再远大的梦想都能逐步实现。

其实，小而美的增长思维与汤姆的1%法则本质相通。秉持"每天进步一点点"的理念，若每天新增一位超级客户，且假定一个超级客户能为公司带来1%的增长，那么搭建起以150个超级客户为中心的增长极，年度增长效果可达400%。尼尔森数据显示，超级客户每增长1%，便会带动10%~15%的新客户增长，以及20%~25%的销量增长。从1个超级客户逐步积累至150个，进而成长为强大增长极的历程，恰似1%法则的实践——从简单的1%起步，从增加一个超级客户开始——只要实现1%的增长，今年必定胜过去年。

尽管1%增长不是高增长，但是**约束理论**（Theory of Constraints,TOC）创始人艾利·高德拉特（Eliyahu M. Goldratt）博士却认为，只有保持稳定，才能促进发展，发展和稳定看似相互矛盾，实则相互依赖。从长远视角审视，倘若每年能实现1%的稳健增长，那么十年之后，整体增幅可达10.4622%。尽管这一数字看似并不惊人，但尤为关键的是，在这一过程中，企业能够有效避免增长停滞甚至陷入负增长的困境。依此态势持续推进，只要不比前一年差，企业便有望稳步存续。如此一来，打造百年企业这一宏伟愿景，便不再遥不可及，而是切实可行的发展目标。

从上述理念不难看出，遵循小而美增长理念的1%增长法则，与"年轮经营"理念高度契合。持续践行这一法则，将带来两个方面的惊喜。

（1）复利效果："1%法则"的核心优势在于复利。就像复利计算一样，持续的1%增长会产生指数级的效果。这种增长不是线性的，而是随着时间的推移，增长的幅度会越来越大。无论是企业的规模扩张，还是个人的财富积累、知识储备等，长期保持1%的增长能够带来意想不到的巨大成果。

（2）风险控制：与追求大幅度的、激进的增长相比，1%的增长相对稳健。这种稳健的增长方式可以降低因过度扩张、冒险决策等带来的风险。例如，企业在市场扩张过程中，如果采取过于激进的策略，可能会面临资金链断裂、市场份额过度稀释等问题。而通过1%法则，企业可以在控制风险的同时，实现可持续的发展。

"十年树木，百年树人"。既不应好高骛远，也不应妄自菲薄，秉持小而美的增长，慢慢生长，不断积累"年轮"，力求打造可持续发展企业。

4.150 计划与战略战术树

事物的本质即简单，无论情况最初看来有多复杂，其实都是非常简单的。

——艾利·高德拉特

在公司经营中，唯独客户是给你钱的，但并非所有客户都具有同等重要性。因此，以超级客户为中心就是公司的经营战略，战略的核心在于简洁高效，我们应聚焦以150个超级客户为中心开展精准的战术执行。这样一来，公司就能集中资源，深入洞察这部分关键客户的需求，提供高度适配的产品与服务。倘若一开始就陷入复杂的营销4P理论和创新旋涡，精力容易分散，资源也难以集中，反而可能错失与超级客户建立深度关系的机会。

以 150 个超级客户为一个增长极，设立一个超级玩家（实际负责人），以及一个指导委员会或特别行动小组（组织保障），最终形成一套小而美的增长极系统，简称**"150 计划"**。150 计划是一个可视化的增长战略，有利于战略解码，有利于让全体员工清楚地理解战略目标及其实现路径，从而确保战略能够得到有效执行。

那么，如何将 150 计划形成战略，并与战术执行紧密结合呢？又如何将 150 战略和战术贯穿整个组织体系，做到表里如一呢？此前，我们总是将战略和战术分割开看，认为战略是管理层的决策，而工作一线只能根据战略制定战术。但是，高德拉特博士给我们提供了一个强大的管理工具——战略战术树（Strategy and Tactics，S&T），他认为，战略最重要的是回答"我们为什么要这么做"（what for），而战术最主要是回答"如何去做"（how）。对于即将采取的任何行动，我们都应该回答为什么（why）、怎么做（how）和做什么（what）的问题，这就是高手做事的逻辑，源于黄金圈法则（why-how-what）。

在定义战略战术树时，高德拉特认为，战略是分层的，战略本身会有一个层次结构，每一层级的战略都应该有一个相对应的战术，战略和战术应该总是成对地存在于组织的每一个级别，并一层层地往下展开。每个层次都由必要的条件相互连接。较低层次的目标是较高层次目标的先决条件——前者比后者更具体或更详细。因此，只有将 150 计划与组织体系内各管理层级的具体行动紧密关联，才能让这一项战略拥有生命力。

如图 1-3 所示，该图摘录于岸良裕司的著作《高德拉特问题解决法》。

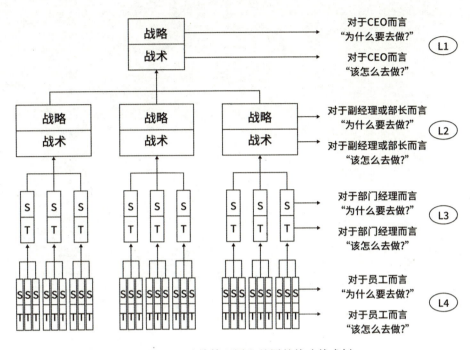

图 1-3　连接管理层和基层的战略战术树

战略战术树是极为强大的沟通工具，能助力我们明晰如何让管理层与一线员工凝心聚力，共同朝着目标奋进。

那么，怎样确保"150 计划"的战略战术上下贯通、表里如一呢？

■ 其一，要把管理层制订的 150 计划精准传达至各组织的每一个层级。

■ 其二，组建 150 计划的指导委员会或特别行动小组，自上而下宣传贯彻，并指导各层级结合本部门实际情况部署战术工作，明确战略执行的关键：为何执行（why）、如何落实（how）以及具体做什么（what）。

■ 其三，务必再三强调，要为 150 计划配备专职的实际负责人（超级玩家）和指导委员会或特别行动小组（组织保障）。唯有如此，才能使管理层决策与一线实际工作紧密结合，确保组织上下协同一致。

第二章

超级客户

如果你把所有时间和精力都花在小事上，你就没有时间做真正重要的事情。

——凯茜·霍姆斯

此刻，请你静下心来回想，最近一次被当作**"平均值客户"**对待时，内心涌起过怎样的感受。是不是在那一刻，你深切地感到，那些宣称"以客户为中心"的公司或员工，并未真正提供客户心中所期待的"既要更好，又要不同，还要低价"的产品或服务，他们对你的情绪与需求，似乎全然不在意。

基于此，请你再花费一分钟时间，试着完成角色的转换——从经营者的视角，切换至超级客户的立场。事实上，你自身理应成为超级客户的有力发声者，而非仅作为普通的"平均值客户"置身事外。唯有如此，你才能站在全新的维度，精准洞察客户的真实需求，为企业的前行之路锚定更具价值的方向。

重新构建秩序本质上是一种创新举措。"150计划"表明，并非"以客户为中心"这一理念缺乏重要性，而是"以150个超级客户为中心"的策略能使我们聚焦关键事务，进而据此重新规划工作优先级。换言之，成功服务150个超级客户，便等同于把控全局。这是由于超级客户需求复杂，对产品或服务的"既要高品质，又要独特性，还要经济性"有着更高标准。诚如凯茜·霍姆斯所言，如果你把所有时间和精力都花在小事上，你就没有时间做真正重要的事情。

一、高尔夫球、小石子、细沙和啤酒

1. 超级客户＝高尔夫球

工作中最重要的是先决定优先顺序，确定优先顺序后，接着要迅速采取行动。

——稻盛和夫

让我们一同听一个发人深省的故事。这则故事源自凯茜·霍姆斯在其著作《时间贫困》里所描述的一段有关迈尔·凯教授课程的精彩短片。

一位教授走进座无虚席的教室，把一个透明的大罐子放在讲台上，然后倒进了一盒高尔夫球，然后问学生："罐子满了吗？"学生们看到最上面的高尔夫球已经挨到了罐口，纷纷点头说："满了。"

教授没有反驳，而是接着拿出了一些小石子，放进了罐子里，小石子填满了高尔夫球之间的缝隙。教授又问："现在满了吗？"学生们点头说："满了。"

接着，教授又拿出了一罐细沙，全部倒进罐子里。细沙覆盖了高尔夫球和鹅卵石，填满了剩余空隙。他接着问："现在呢？满了吗？"学生们纷纷点头，也理解了教授的意思。

罐子这次真的满了，教授的演示似乎也该结束了，但他又拿出了两瓶啤酒。看到这里，全班都笑了。他用开瓶器打开啤酒，将其中一瓶倒进装着高尔夫球、小石子和细沙的罐子后，拿起另一瓶，喝了一口。

他一边喝一边绕过讲桌走到罐子旁，解释道："这个罐子代表你的生活。高尔夫球代表重要事物：家人、朋友、健康、爱好。小石子是另一些重要事物：事业与家庭……沙子是其他小事。如果你先把细沙倒进罐子里，就没地方放小石子和高尔夫球了。人生也是如此。如果你把所有时间和精力都花在小事上，你就没有时间做真正重要的事情。一定要先放最重要的高尔夫球。将事情按轻重缓急进行排序，因为除了最重要的事情，其他事情都如同细沙般渺小。"

有个学生举手提问："教授，那啤酒代表什么？"教授笑着说："很高兴你能问这个问题。啤酒代表无论你的生活看起来多么充实，总有跟朋友一起喝上几杯的时间。"

这个"储时罐"的短片说明了**"排序"**的重要性。如图 2-1 所示，如果教授先用沙子装满罐子，就没有足够的空间来放高尔夫球这样重要的东西了。如果你把所有时间都花在小事上，那就相当于先用沙子装满罐子，就会陷入**"细沙陷阱"**，如此一来就没有时间去做最重要的事情了。我们每个人都有这样一个代表着生命时间的罐子，我们必须对进入罐中的事物多加考虑——也就是得想清楚哪些事情能够在我们的生命中占有一席之地。

图 2-1　储时罐

　　经营公司亦是同理。不妨将罐子视作你的公司，把超级客户比作高尔夫球。在人力、财力、物力以及时间始终有限的情况下，唯有明晰哪些事情真正至关重要，才能制定出合理的规划，从而有力捍卫业绩的增长。作为一名合格的超级玩家，不仅要深刻认识到"工作排序"的重要性，还要透彻理解"以 150 个超级客户为中心"的战略布局。同时，要懂得时常与超级客户共饮几杯所蕴含的价值，更要深谙"让人快乐"并借此让自己的人生也快乐的意义。

2. 将不平等最大化

　　选对人，做对事，事半功倍。

　　查理·芒格在南加州大学法学院毕业典礼上讲过一个重要的道理，"将不平等最大化"通常能够收到奇效。他以"世界上最伟大的篮球教练"约翰·伍登为例，当他采用非平等主义的执教方法时，几乎所有的比赛都让那七个水平高的球员在打，水平低的球员几乎没有上场时间，因此他比以前赢得了更多的比赛。

在"以客户为中心"的世界里，并非所有的客户都值得公司上下拼尽全力。如果不划定超级客户（这类客户约占以客户为中心的客户总数的10%），那些自诩"以客户为中心"的公司，在竭力满足每一位客户需求的过程中，极易迷失方向。

在管理理论中，"客户"堪称最为灵活的术语之一。其范畴极为宽泛，涵盖了参与公司价值链的各类成员，诸如消费者、批发商、零售商、采购商等，甚至内部单位也可被视作客户。对于不同的公司而言，最重要的客户类型有所不同，有些公司将终端用户或消费者视为重中之重，而另一些公司则更看重代理销售商或中间商。值得注意的是，并非产生利润最多的客户就一定是最重要的，能够为公司开发出最大价值的战略客户才具有核心地位。

由此可见，如何精准挑选并有效引领那些最具价值的"关键少数"客户，特别是位居顶端的150个超级客户，是企业实现战略制胜的首要步骤。在此基础上，企业才应将精力聚焦于能够吸引更多新客户转化以及老客户复购的领域，促使他们以更高的价格、在更长的时间内购买更多的产品。

超级客户的真正价值在于其具备强大的**"传染力"**，能够对普通客户产生显著的吸引作用。平均而言，一个超级客户能够影响3个普通客户。艾迪·尹在《超级用户》一书中提出：超级用户带来的最大利益只需要简单的数学计算就可以得出；尽管超级用户的人数不多，通常某一件产品或某一种商品的超级用户仅占所有消费者人数的10%，但他们可以将销售额提高30%～70%，创造商品利润比例比前者更高，通常能够将预期利润提高近 100%；在某些情况下，超级用户每增长 1%，就能增加除了超级用户以外的 10% ～ 15% 的买家人数，并且拉动 20% ～ 25% 的销售增长。

选对人，无条件偏袒超级客户

在商业运营中，对超级客户的侧重策略，类似父母对孩子的偏爱，有着深厚的价值考量。几乎所有公司都声称奉行"以客户为中心"的理念，而亚马逊在这方面堪称典范，其卓越实践与成就声名远播。亚马逊将客户细分为消费者、卖家、企业用户和内容供应商四类。但在实际运营中，亚马逊并未对这四类客户一视同仁，而是坚定锚定"成为地球上最以客户为中心的公司"这一战略方向。

通过"超级会员制"，亚马逊精准甄别出"超级客户"，即年度付费会员。在此基础上，亚马逊不惜投入大量资源，全力满足 Amazon Prime 付费会员用户需求。即便这一策略可能引发卖家或内容供应商的不满，亚马逊仍坚定不移地以超级客户满意度为首要目标。长期以来，亚马逊精心布局，为其 1.5 亿 Prime 付费会员打造了丰富多元的优惠与福利体系。其中涵盖免费送货服务，包括加急配送、隔天交付；提供 30 天内无条件退货的售后保障；推出 Prime air 30 Minutes（无人机配送，30 分钟即可送达）的前沿高效服务；开放 Prime Video 免费影视剧资源、Prime Gaming 免费游戏，以及无限量照片存储等福利。无可置疑，这种针对 Prime 付费会员的**"偏袒服务"**，不仅极大地刺激了消费活力，还成功吸引了更多潜在超级客户，有力推动了亚马逊在市场竞争中的持续发展与壮大。

偏袒超级客户，打造超级口碑，能够吸引更为精准的客户群体。在这一点上，小米堪称最深刻领悟凯文·凯利的 1 000 个铁杆粉丝理论以及罗宾·邓巴的 150 定律的企业之一。小米 CEO 雷军的成功离不开"米粉"的支持，"因为米粉，所以小米"，小米也因此被赞誉为"最擅长经营粉丝"的公司。2010年8月16日，小米MIUI正式发布，第一版内测用户仅有100人，其中或许就有被雷军亲自邀请的"天选之子"。正是这100名超级用户与小米携手启程，共同助力产品不断完善，最终发展出拥有几亿用户的庞大群体。雷军曾公开表态"吃水不忘挖井人"，为了向那些曾经默默支持小米的用户表达敬意，他特意在小米总部园区打造了一座雕塑，上面刻满了100位最初的MIUI论坛用户的名字，并称他们为"小米100位梦想的赞助商"。

事实上，根据市场调研数据，80%的企业利润由20%的超级客户贡献，每一款产品或每一家企业均拥有专属的超级客户群体，他们是现成且极具价值的宝贵资源。参照80/20法则，精准定位并有效引导这些超级客户，毫无保留地为其提供"偏袒服务"，围绕150个超级客户展开业务的精细拆分与高效重组，正如亚马逊通过超级会员制聚焦超级客户实现业务腾飞一样，这将成为切实落地"以客户为中心"战略的全新起点。

做对事，无限放大你的优势

在竞争日益激烈的商业世界中，企业对于差异化的诉求越发强烈。差异化竞争，无疑是在激烈竞争中脱颖而出的最佳途径。

然而，现实往往事与愿违。企业越是积极投身于竞争，与其他企业之间的差异性反而越小。"趋同效应"如同无形的手，推动着品牌和产品逐渐走向相似，同质化现象越发严重，最终陷入集体平庸的困境。

面对这一困境，企业往往会本能地采用一种科学的管理方法——**对标管理**。这一概念由施乐CEO大卫·柯恩斯提出，指的是持续不断地将自身的产品、服务及管理实践活动与最强的竞争对手或行业领袖组织进行对比分析。

对标管理的适用范围极为广泛，几乎适用于任何企业和个人。但需要注意的是，企业一旦启动"对标管理"，往往会更关注与竞争对手的差距，并本能地试图消除这些差距，而非强化自身的独特优势。正如哈佛商学院教授扬米·穆恩所言，"那些用来确定竞争地位、出发点良好的努力，无论是运用品牌定位图、市场调研，还是其他竞争分析方法，最终都如同指挥棒一般，将企业引向一种均势"。

人们普遍存在一种冲动，那就是努力改善自己的"弱点"和"短板"，却往往忽略了反向思考：唯有增强自身优势，而非执着于弥补劣势，才能真正拉开与竞争者的距离。

因此，若想超越竞争、打造爆品并成为顶流，就必须具备一个关键要素——**X 因素**（X-factor）。这一概念由《以大制胜》的作者斯科特·亚当斯提出，即公司至少要有一个对成功而言必不可少却又难以言明的要素。他认为只要你能够找到一个能够掩盖一切缺点的优点，就一定会有一小撮人"特别"喜欢，他们会为了这个 X 因素，而容忍其他所有缺点的因素。放到商业竞争中来看，X 因素是能够为超级客户带来独一无二体验的关键部分，这个长板足够突出，足以让人们忽略其他所有短板。"以己之长，攻人之短"，聚焦"以 150 个超级客户为中心"，能更易于发现那个赢得竞争的 X 因素，甚至可以借此找出并攻击竞争对手的弱点。

彼得·德鲁克认为：唯有凭借优势，方能实现卓越。在现实中，大多数人终其一生都在试图弥补自身的劣势，却未曾意识到，从无能提升到平庸所需要付出的精力，要远远超过从一流提升到卓越所付出的努力。这意味着，我们首先要明确自己的优势究竟在哪里，要清楚自己拥有哪些与众不同的能力，并且要思考是否已经将这些优势充分运用到工作和生活当中。就像彼得·德鲁克在《21世纪的管理挑战》一书中所说："任何成功都要靠优势，靠劣势什么事也不成。"当优势足够强大时，劣势便会显得不再那么重要，强大的优势完全可以压倒劣势，这正是"一俊遮百丑"的道理。

那么，不妨自我审视：你和你所在公司的竞争优势何在？是凭借强大的广告宣传攻势，频繁开展的促销活动，极具竞争力的价格策略，精致考究的产品包装，还是大规模的人海战术？若不能减少对竞争对手的过度关注，将重心更多地转向客户，尤其是超级客户，那么，便难以从容地跳出价格战、广告战和终端战等正面战场的激烈角逐。

事半功倍，超级客户＞回头客＞新客户

以客户为中心绝非一种平均值思维，伟大的想法不应该浪费在错的人身上。只有选对人，做对事，才能实现事半功倍的效果。

（1）超级客户的定义

超级客户，指在未来特定时段内，明确有持续采购企业产品及服务意愿，且热衷于分享、推荐自身消费体验的"关键意见消费者"（Key Opinion Consumer，KOC）。相较于"关键意见领袖"（Key Opinion Leader，KOL），超级客户的角色更趋近于KOC。由于他们本身就是产品或服务的消费者，这一身份使他们的体验反馈更具真实性、亲和性与可信度，更容易在消费者群体中引发共鸣。当然，超级客户虽存在成长为KOL的可能性，但实现难度较大。

（2）超级客户的特征

超级客户具备鲜明特征：一是消费频次高，展现出强劲的消费实力；

二是对品牌忠诚度极高，不仅自身保持高频消费，还积极向他人推荐并分享亲身经历；三是积极助力产品和服务的迭代升级，是推动企业发展的重要力量。

（3）超级客户的价值

超级客户能够助力企业实现超级增长。当企业聚焦于以 150 个超级客户为核心构建增长极时，便会形成精准高效的"小而美"增长态势。随着时间推进，这些增长极将逐步汇聚成一个或多个带动业绩显著提升的增长引擎，进而驱动整个企业实现超级增长。依据尼尔森数据，超级用户的消费能力是普通用户的 5 ~ 10 倍，超级用户每增长 1%，可带动新客户增长 10% ~ 15%，销售增长 20% ~ 25%，充分彰显出超级用户（与超级客户本质相近）的巨大价值。

（4）超级客户>回头客>新客户

在企业客户资源体系中，占比 10% 的超级客户是极为珍贵的存量资产。有效维系这些超级客户，能够夯实企业发展根基，规避因过度依赖新客户获取而陷入增长焦虑的困境。企业资源投入与关注重点应遵循清晰的优先级排序：首先聚焦占比 10% 的超级客户；其次为占比 25% 的回头客，其中涵盖铁杆客户与稳定客户；最后才是所谓"令人兴奋的新客户"，即游离客户与试用客户。

企业领导者必须深刻认识到，单纯依靠新客户难以实现企业的稳健发展，"开发十个新客户，不如维护一个老客户"这一理念具有深刻的实践意义。若一味执着于"获取更多新客户"，而忽视老客户维护，就如同"熊瞎子掰苞米"，虽看似忙碌，却难以实现实质性的积累与增长，无论投入多少努力，最终成效都将大打折扣。

日本畅销书作者高田靖久在《25%的回头客创造75%的利润》中提出：对任何企业而言，25%的回头客能创造企业75%的利润。这一数据直观揭示，牢牢抓住这25%的回头客，如同启动**"滚雪球效应"**，促使企业利润持续积累与增长，此乃企业实现利润持续增长的关键。当企业经营者对客户实行"差别化管理"时，盈利业务便会逐步增多。

彼得·法德尔在《顾客中心化》中也深刻指出，从本质上来说，并非所有顾客价值等同。企业应着力识别最为重要的客户，即超级客户，并将以150个超级客户为中心作为撬动增长的关键着力点。企业需舍得投入大量资源，深入洞察这部分客户的真实需求，精准交付其期望的产品或服务，从而构建一个利润远大于以往、发展态势确定的未来。

二、决定命运的15人

古人云："一命二运三风水，四积阴德五读书，六名七相八敬神，九交贵人十养生。"其中，"一命"指先天之命。从生物学视角而言，人出生时基因便已确定，这在很大程度上决定了个体的智商、情商与身体机能。在个体命运的塑造中，先天因素先于后天因素存在，且通常具有更强的影响力。当然，个体无法自主选择出生于富贵之家还是平凡家庭。

"二运"强调运命，而非单纯的运气。在这一理念体系里，"运"之后的诸多要素皆属后天范畴，可通过个人努力改变。例如，改变"风水"能调整命运轨迹。从现代环境心理学角度理解，主动更换生活环境，开启新生活，正如"人挪活、树挪死"的说法，具有一定合理性。当人们更换生活环境，融入新社交圈，结交新朋友（即**"九交贵人"**）时，往往能带来命运的转变。良好的人际关系网络可提供更多信息、资源与机遇，助力个体突破局限，实现发展，这便是背后蕴含的深层逻辑。

回顾历史，"孟母三迁"的典故深刻揭示了环境对个体成长和发展的深远影响。在现实生活中，这一原理同样适用。个体通过不断更迭所处社交圈子，积极结交能够提供帮助与启发的关键人物（如借助求学、服役、工作、婚姻、异地发展或者移民等途径），并持续开展**"向上社交"**（Social Climbing）——年轻人主动与在知识、经验、资源等某方面更具优势的人建立社交关系，从他们身上汲取有益经验、拓展资源渠道，以谋求自身成长与进步，从而实现个人命运的转变。

1.60% 的人生被 15 人填满

古希腊哲学家亚里士多德曾指出："从本质上讲，人是一种社会性动物；那些生来离群索居的个体，要么不值得我们关注，要么不是人类。"确实，人在社会中的生存与发展，离不开与他人的交往互动。然而，在人际交往进程中，我们需要明确，个体的有效社交网络存在一定限度。一旦超越这一限度，便可能超出我们的认知能力范畴。

20 世纪 90 年代，英国人类学家罗宾·邓巴提出著名的 150 定律（Rule of 150），该定律聚焦于人类有效社交的极限，即广为人知的"邓巴数字"。邓巴依据猿猴的智力与社交网络状况进行科学推断，得出人类智力所能承载的稳定社交网络人数约为 148 人，四舍五入后约为 150 人。这表明，无论交往对象是谁，也无论社交媒体如何发达，人们真正能够维系稳定社交关系的人数大致仅为150人。鉴于此，我们理应更加注重社交质量而非数量，重视社交深度而非频率。同时，应尽力维持与现实生活中约150人构成的"核心社交圈"。因为过少、过窄或过于不稳定的人际关系，对个体追求更大成就往往会产生不利的影响，难以提供足够的支持与助力。

2018年8月10日，《金融时报》发表了一篇极具深度的文章——《为什么喝酒是人类成功的秘诀？》，文中揭示了罗宾·邓巴提出的另外两个关键数字。其一为5，代表5个密友。这5位密友通常涵盖最亲近的家人与挚友，在个体的社交体系中占据着举足轻重的地位。据研究表明，人们会将40%的可支配社交时间投入与他们的互动中，与之分享生活的点滴，无论是喜悦、悲伤还是愤怒，通过深度交流建立起深厚且稳固的情感纽带。其二为10，即10个好友。这些好友是个体甘愿投入时间与精力进行深度沟通、在其需要时给予慰藉并毫不犹豫提供帮助的对象。在社交时间分配上，人们会将另外20%的社交时间用于与他们的交往，彼此扶持、相互陪伴，共同经历众多富有意义的时刻，共同构建起丰富的社交生活和情感支持网络。

深入剖析社交时间分配数据，会发现一个惊人的事实：**我们约60%的社交时间，都花在了15个人身上**。从社会学理论与个体发展的角度来看，这15个人如同命运的杠杆，在很大程度上左右着我们人生的走向。每个人的成长都是自我塑造与环境影响的动态过程，命运的方向盘其实就握在自己手中。

在人生的历程中，约2/3时光与15个人紧密相连。他们或是血浓于水的亲人，或是志同道合的挚友，抑或是人生道路上的贵人。在个体成长、追逐梦想、投身事业的各个阶段，他们都发挥着不可忽视的作用。从日常生活的细微之处，到面临重大人生抉择的关键时刻，他们的存在与影响，于无声处悄然改变着命运的轨迹。然而，尘世之中，人们往往为功名利禄所累，鲜有人能够洞悉并领悟这一蕴含深刻智慧的人生哲理。

因此，若想突破现状，我们必须勇于打破舒适区的束缚，积极拥抱机遇与挑战。这意味着不仅要走出家庭和工作的舒适圈，还要主动参与高端社交活动，践行"向上社交"的理念，与更优秀的人建立联系并展开合作。通过持续优化社交圈，逐步替换占据你 60% 社交时间的 15 个核心联系人，并提升有效社交圈中 150 人的整体质量，才能显著提升人生的成功概率。

"向上社交"并持续升级有效社交圈，无疑是一条最为稳妥且高效的成功路径。这也是许多人选择参加各类学习班、总裁班、EMBA 班，以及高端论坛、研讨会和私董会的原因——通过这些平台，他们能够接触到更优质的资源和人脉，从而加速个人成长与事业发展。相反，那些不理解这一逻辑的人，往往对此嗤之以鼻，甚至嘲笑他人的努力，却不愿投入时间和精力去优化自己的社交圈。这种态度不仅限制了他们的视野，也让他们在无形中选择了更为艰难的成功之路。

2. 15 个超级客户是最小阈值

在个人与组织发展的进程中，人际关系网络的作用至关重要。从个体层面来看，一个人的有效社交上限通常为 150 人，这些人共同构成了其独特的**"生态位"**，如同在社会大舞台上划定了专属位置，深刻影响着个体在社会竞争中的地位。其中，好友圈（上限 15 人）尤为关键，他们是人生道路上相互扶持、彼此影响的亲密伙伴，对个人成长和发展意义重大。

进一步分析，引入具有层级关系的邓巴数字，可将社交节点形象地描绘为"邓巴圈"。如图2-2所示，邓巴圈通常细分为四个层级：密友圈（上限5人）、好友圈（上限15人）、朋友圈（上限50人）以及熟人圈（上限150人）。各圈层之间不仅存在包含关系，更呈现出递进关系，从核心到外围，影响力逐渐减弱。

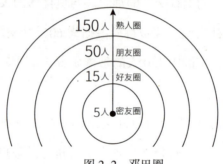

图 2-2　邓巴圈

从本质上讲，找准自身的生态位是人生的重要课题，这不仅关联着社交归属感，更决定着个体在社会竞争中的立足之本。然而，人们回顾自身成败时，往往侧重于资金、能力和竞争态势等常规因素，却容易忽视邓巴圈和生态位的关键作用，若从这一独特视角反思，或许能获得全新认知与启发。

若将这个视角延伸至企业领域，既然个体命运常取决于15个强关系，那么不禁引人思考，一个企业的命运是否同样由15个具有强关系的超级客户所决定？这一问题值得深入探讨与研究，为企业发展战略的制定提供新的思考方向。

因此，在探讨社交网络与个体、组织发展的关联后，我们有必要重新审视生态位的概念，特别是人类生态位的独特性，具体分析如下。

（1）生态位的定义

生态位（Ecological Niche），是指每个个体或种群在种群或群落中的时空位置及功能关系，代表着生态系统中每种生物生存所需生境的最小阈值。从本质上讲，生态位是物种为求生存而形成的一套完备策略体系。任何物种的繁衍与发展，都需适应特定生态位。无论是动物还是人类，皆拥有独特生态位。在竞争激烈的世界中，只有精准定位自身生态位，才能实现更好的生存与发展。随着理论的发展与实践的拓展，这一概念逐渐延伸至商业领域，为企业战略制定、市场定位等提供了重要的理论依据。

（2）人类生态位的特别之处——社交技能

加拿大知名汉学家森舸澜在《我们什么要喝酒》一书中论证过"人类生态位的特别之处"。他认为，人类的主要适应性挑战一直是其他人，而不是物理环境，生存下来依靠的主要不是力量或者个人的聪明才智，而是社交技能。如果你很强壮、擅长打猎，活下来当然没问题，但最终出现在幸存者顶端的人，往往是团队建设者、谈判者和聪明的操纵者。知道如何打猎很重要，但知道如何和他人分享食物、协商运输、提防食物被偷走更重要。具体来说，人类的特定生态位包括三个要素，分别是创造性、社群性和文化性。个人不仅需要保持创造力，还应具备与他人建立信任、开展密切合作的能力，以及吸收和传播文化的能力，这是人类在社会环境中立足和发展的核心能力。

结合 150 定律来看，人类有效社交的上限为 150 人，决定了生态位宽度，这一数字构成了个体在特定小环境下的生存优势，亦可将其视为个人的社交生态位。其中，占用个体约 60% 社交时间的好友圈（上限为 15 人），堪称决定个体命运的关键阈值。也就是说，这 15 个好友关系在极大程度上左右着个人一生的命运走向。基于此，个体应全力以赴，努力扩大自身有效社交圈人数，使其接近 150 人的上限，同时着力充实核心好友圈，使其数量趋近 15 人，并要有意识地提升社交核心圈的质量，向上结交对自身发展有益的关键人物，以此为自己的人生积累更多优势，赢得更大的成功概率。

（3）150 定律与生态位对公司的影响

公司，作为人类历史进程中一项具有深远意义的伟大发明，全方位、深层次地影响着人们的思维模式、生活方式以及行为准则。公司的发展历程，淋漓尽致地展现了人类卓越的组织能力、高度的合作与精细的分工水平，因而，必然会受到 150 定律和生态位理论的显著影响。

德鲁克曾深刻指出，小公司成功的关键要义在于在相对较小的生态位中占据优先地位。同时，他还着重强调，企业的终极目标应当是"创造客户"，而非仅仅着眼于"创造利润"。基于这一理念深入剖析，对于小公司而言，成功创造 15 个超级客户成为获取优先地位的关键阈值。这 15 个超级客户，凭借其强大的消费能力、高度的忠诚度以及广泛的社交影响力，能够为小公司在特定生态位中迅速打开市场局面，树立品牌口碑，奠定竞争优势。

当公司成功拥有约 150 个超级客户时，便意味着其在所处生态位中已然占据了有利地位。这 150 个超级客户所形成的强大合力，不仅能够为公司带来稳定且可观的经济收益，还能够在市场中塑造强大的品牌形象，吸引更多潜在客户的关注与青睐。然而，一旦公司的超级客户数量突破 150 个，为了更好地适应不断发展变化的市场需求，确保公司运营的高效性与灵活性，进行拆分便成为一种必要举措。此时，将业务交由新的核心力量负责，构建新的生态位（或增长极），能够充分发挥各部分的优势，实现资源的优化配置与高效利用。

通过科学合理地布局多个生态位，公司能够实现更为稳健的发展。在复杂多变的市场环境中，稳定与快速发展并非相互对立、不可调和的矛盾关系，而是相辅相成、相互促进的有机整体。这种多生态位布局策略，有助于公司灵活调整战略布局，分散经营风险，提升整体竞争力，为实现可持续发展奠定坚实的基础。在不同的生态位中，公司可以针对不同客户群体的需求特点，研发差异化的产品与服务，满足多元化的市场需求，从而在激烈的市场竞争中始终保持领先地位。

（4）逆向思考：决定命运的 15 个人

查理·芒格曾有一句名言："反过来想，总是反过来想。"在商业运营这一充满挑战与机遇的领域，巧妙运用逆向思维，常常能够促使从业者突破常规思维的局限，进而获得深刻的洞察与关键的发现。

从公司运营的宏观视角来看，若一家公司在经营过程中，连 15 个甚至更少数量的超级客户都无法拥有，那么在激烈竞争的市场环境中，其赢得竞争的可能性极为渺茫。超级客户在公司的发展进程中，扮演着举足轻重的角色，他们不仅是公司利润的重要来源，更是口碑传播的核心驱动力。其数量的多寡以及质量的高低，直接映射出公司产品与服务在市场中的认可度与竞争力水平。一家缺乏超级客户的公司，往往意味着其产品或服务未能精准切中市场需求，在产品品质、服务质量、品牌形象等方面存在不足，难以在市场中脱颖而出。

同样，将视角聚焦到个体层面，若一个人身边未能聚拢 15 个超级客户，便很难被视作合格的超级玩家。在商业社交与资源整合的逻辑体系下，与超级客户建立紧密且稳固的联系，对于个人而言，是获取丰富资源与宝贵机遇的重要途径。超级客户凭借其自身的社会地位、经济实力以及广泛的人脉资源，能够为与之关联的个体提供更多的发展可能性。同时，能够吸引并维系住一定数量的超级客户，也是对个人能力与影响力的有力印证，彰显了个人在专业素养、沟通技巧、人际关系处理等多方面的综合能力。

（5）15个超级客户是了不起的成绩

相信你已经下定决心去赢得15个超级客户了。

乍看之下，15个超级客户似乎并不多。然而，拥有这15个超级客户实则蕴含着极为重要的三重意义：

1）能有15个超级客户就是一件了不起的成绩。

2）有15个超级客户也意味着你创造了切实的、有价值的产品，这恰好是公司进一步发展的基础。

3）从发展趋势来看，既然能有15个超级客户，之后肯定会有50个、100个、150个甚至更多的超级客户。

在竞争激烈的商业环境中，稳固的客户关系无疑是优秀公司持续发展的重要基石，而拥有至少15个超级客户则是衡量公司发展成效的关键指标。作为公司的核心引领者，称职的创始人通常也是极具影响力的超级玩家，他们必须赢得15个超级客户的深度认可与坚定追随。从品牌传播维度而言，超级客户的口碑效应能够在目标客群中迅速提升品牌的知名度与美誉度，使品牌形象更加深入人心；从业务增长层面分析，他们的持续购买行为以及积极主动的推荐，为公司带来稳定的收入来源与宝贵的新客户资源，有力推动公司业务的持续增长。与此同时，超级客户的态度与行为也在反向塑造着创始人在行业内的声誉与地位，在很大程度上决定着公司的兴衰成败。

对于初创公司或新项目来说，15 个超级客户或许就是决定生死存亡的关键阈值。以小而美的酒庄为例，在创业初期，若能成功拥有 15 个热爱酒文化、热衷于分享且忠诚度极高的超级客户，凭借他们的口碑推荐与持续支持，酒庄便能在小众市场中站稳脚跟，逐步积累品牌知名度与客户群体；茶庄若能赢得 15 个超级客户的信赖，便有可能在竞争激烈的茶叶市场中崭露头角，开拓出属于自己的市场份额；农庄若能获得 15 个超级客户的青睐，便能以此为契机，逐步打开农产品的销售渠道，实现从艰难起步到稳健发展的蜕变。

三、前50个超级客户

营销，其实就是分享你所热爱的东西。

——迈克尔·凯悦

前 50 个超级客户，就是你的**"人情红利"**。

这 50 个超级客户大概率藏在你的熟人圈里（上限 150 人）。所以，你应当重点关注亲朋好友、团队成员、现有客户及其推荐的人脉。这些人脉就像一座待挖掘的宝藏，蕴含着巨大商业价值，是拓展目标客户的关键。

作为超级玩家，必须秉持高度的热情与真诚。亲自联系他们，这是尊重的体现，也是深入了解他们需求的第一步。认真倾听他们的反馈，能让我们精准把握市场痛点，及时调整产品或服务。面对面交流则更具感染力，通过眼神、表情和肢体语言的互动，能够建立起更深层次的信任关系，这是超级玩家必备的基本态度和功力。

1. 选对人是起点

中国社会深受传统儒家文化影响，是典型的熟人社会，熟人经济也就自然而然地成为生意的起点。在熟人的社交网络中，人们的行为会受到更多社会关系和道德规范的约束，这使得商业合作更加稳定可靠。从另一个角度思考，如果连熟悉亲近的人都无法认可和支持我们的业务，又怎么能轻易赢得陌生人的信任呢？

熟人经济不仅仅是交易的开端，更是一种获得增长的起点。熟人基于对我们的了解和情感，愿意给予我们"练手"的机会，在合作初期，即便我们出现一些小失误，他们也会给予包容和理解，允许我们"犯错"并改进。然而，陌生人往往缺乏这样的情感基础，一旦合作中出现任何问题，他们很可能第一时间给出差评，导致合作关系难以维系。

你应该先把自己最为熟悉和信任的熟人作为起点，比如亲朋好友圈、团队内部成员圈和现有客户群体圈。当你在熟人圈里取得初步成果，积累了一定的经验和口碑后，便可以借助他们的力量，进一步拓展业务。

因此，你可以从三个熟人圈里寻找前50个超级客户。

(1) 亲朋好友圈，从最在乎你的人开始

亲朋好友圈是你的根基，在这里，信任成本几乎为零，因为大家有着长期的情感积累和相互了解，所以亲朋好友圈是商业起步的重要依托。在商业活动初始阶段，基于这份信任，你可以向他们介绍自身的商业理念、

产品或服务，迈出商业探索的第一步。

尽管向亲朋好友推销产品，可能会让人感到不适，但在创业起步、成就有限时，亲朋好友往往是最可能信任我们的群体。若他们都无法给予信任，他人的信任则更难获取。尤其在产品所属市场领域，消费者普遍缺乏强烈品牌忠诚度的情况下，比如白酒、茶叶和农副产品市场，多样的消费需求为我们赢得亲朋好友的支持提供了较大机会。当你向亲朋好友推广产品遇阻时，不妨这么想：自己提供的是真正有价值的产品，物美价廉又独具特色，即便稍有不足，也值得他们掏腰包。

产品概念的早期检验意义重大，你的产品也不例外。正如餐厅通过在亲朋好友间试营业确定菜单，酒庄借举办品鉴会明确产品包装与口感，电影开展试映来确定情节发展节奏，商业活动同样需要这样的过程。

依靠家人和好友提供最初支持，让他们率先购买产品，不仅正常，而且必要。一旦解决了他们反馈的问题，凭借优质产品将亲朋好友转化为超级客户后，你便可以从亲朋好友圈拓展至更为广阔且陌生的目标客户群体，推动商业活动进一步发展。

（2）团队内部成员圈，寻找超级客户的代言人

在构建超级客户群体的过程中，团队内部成员扮演着极为关键的角色，他们有可能成为寻找超级客户的有力代言人。

遵循"黄金法则"，即"己所不欲，勿施于人"，是开展业务的重要前提。若团队成员，尤其是那些被视为超级玩家的关键人员，对所推销的产品或服务缺乏热爱与认同，这无疑是一个严重的隐患，必须在第一时间予以解决。因为只有当团队成员自身对产品充满热情，才能够真正做到真诚地向他人推荐，而不是仅仅流于形式。

所以，对团队成员进行审视是一项重要且极具实用价值的工作，然而却常常被忽视。仔细观察团队，了解其中有多少成员能够真正称得上对产品满怀热忱的超级玩家，这一步至关重要。当团队成员都对产品充满热爱时，他们在工作中会展现出更高的积极性和专注度，全力以赴投入业务拓展中。而且，出于对产品的认可，他们会自然而然地向身边的亲朋好友推荐，形成口碑传播。

在这个过程中，团队成员还能从推荐的实践中获得宝贵的经验和启示。通过与不同人群的交流互动，他们能更加深入地了解客户需求，进而懂得如何运用更巧妙、更具针对性的方式去挖掘更多的超级客户，为业务的持续增长注入源源不断的动力。

（3）现有客户群体圈，培育 15 个超级客户是关键

如前文所述，成功获取 15 个超级客户，是一件了不起的成绩。这不仅是衡量业务发展的关键指标，更在很大程度上决定着公司的命运走向。

因此，从现有的客户群体中挖掘出最初的 15 个超级客户，对公司发展而言至关重要。尽管这一过程或许会困难重重，在前期阶段可能仅能找到寥寥几个，但这绝非无法跨越的障碍。企业可通过不断平衡"既要高品质（更好）、又要独特性（不同）、还要经济型（低价）""不可能三角"关系，借助市场调研精准把握需求、优化内部流程提升效率、创新营销策略拓展影响力等方式，探寻业务突破点。凭借持续的努力与探索，你不仅能够成功培育出 15 个超级客户，还能进一步拓展客户规模，为公司的长远发展夯实基础。

事实上，多数企业所拥有的客户数据量，比其自身预估的要丰富。企业能够借助四个标准来筛选和锁定超级客户，以此有效缩小范围，精准定位超

级客户或潜在超级客户，从而大幅节省成本与精力。这四个标准分别是：

■ **其一，复购频次与金额**：关注客户重复购买产品或服务的频率以及每次的消费金额。复购频繁且消费金额较高的客户，通常对企业有着较高的忠诚度，能为企业带来可观的价值。

■ **其二，主动推荐与分享**：留意那些主动向他人推荐企业产品，或是在社交平台上分享自身良好体验的客户。他们不仅是企业的忠实拥趸，更能凭借口碑传播为企业引入新的客户资源。

■ **其三，主动反馈建议**：重视那些主动向企业提出建议和意见的客户。这类客户心系企业发展，他们的反馈对企业而言极具价值。

■ **其四，系统购买行为**：观察客户是否依据企业的产品或服务体系，进行过成体系、有规划的购买。这一行为深刻体现了客户对企业产品或服务的深度认可与依赖，意味着他们对企业有着更全面、更深入的需求。

2. 与客户建立稳固的私人关系

在企业发展的漫长征程中，客户关系管理始终占据着核心战略地位，而与超级客户群体建立稳固的私人关系，更是其中极为关键的转折点。这一举措不仅能够在最大限度上稳固公司的发展根基，还能凭借与超级客户的紧密私人联系，深度挖掘并获取更为可观的客户推荐价值。此外，当公司遭遇艰难困境时，这种私人关系往往能发挥出超乎想象的重要作用，成为助力企业突破困境的有力支撑。

企业借助 ABC 分类法（Activity Based Classification，ABC），能够实现对客户的精准细分，从而有效识别出超级客户。通过综合考量客户的消费金额、购买频率、忠诚度等多维度数据，将客户清晰划分为 A、B、C 三类。其中，A 类超级客户具备强劲的消费能力和极高的忠诚度，凭借其广泛的社会影响力与强大的社交传播能力，不仅能够为企业创造丰厚的经济收益，还能在品牌口碑塑造方面发挥积极作用，为企业的战略决策提供极具价值的参考依据；B 类客户蕴含着较大的成长潜力，通过实施针对性的培育策略，有望逐步转化为 A 类客户；C 类客户则可通过灵活调整市场策略，深度挖掘其潜在商业价值。

针对不同类别的客户，企业应采取差异化的管理策略。对于 A 类超级客户，企业领导者需亲自参与，或精心选派能力卓越的负责人，与他们建立全方位、深层次的联系。这种联系应深入渗透到客户的日常生活与工作场景之中，全面了解客户在各个环节的需求痛点，进而为其量身定制高度契合的解决方案。

值得强调的是，企业领导者务必高度重视前 50 位超级客户，始终坚持"面对面沟通和服务"原则，致力于与他们建立深厚且稳固的私人关系。面对面的交流互动，能够使领导者直接、准确地把握客户的实际需求与市场的动态变化，充分展现企业的专业素养与服务诚意，进而有效增强客户对企业的信任程度和忠诚度。以蔚来汽车为例，其领导者定期邀请超级客户参与专属的试驾体验活动和高端社交晚宴。在这些活动中，领导者及团队会与用户深入交流，及时解决用户提出的各类问题，这不仅大幅提升了用户的满意度，还凭借超级客户在社交圈中的良好口碑，吸引了大批潜在新客户，有力推动了品牌的发展与市场拓展。

然而，客观审视自身便会发现，不少企业领导者潜意识里都或多或少忽视了超级客户。更严峻的是，企业团队对超级客户的轻视程度，往往远超领导者的想象。这般忽视，极可能使企业错失诸多宝贵发展契机，阻碍企业持续增长与进步。

下面我们引用艾迪·尹在《超级用户：低成本、持续获客手段与赢利战略》中的一个表格，来检测一下你/企业对客户的轻视程度。

表2-1 测试你/企业对客户的轻视程度

你对客户的认知	你的行动实际说明了什么
（1）你是否认为所有的客户都一样？ A.是 B.否	（1）你在哪个领域投资最多？ A.增加、创新产品种类 B.提升规模和效益
（2）你是否相信客户还会花更多的钱？ A.是 B.否	（2）你更注重衡量（　　） A.将来——生命周期、价值、忠诚度 B.当下——渗透率、份额、购买率
（3）你觉得客户是否聪明？ A.是 B.否	（3）你的营销额有多少是靠（　　） A.客户之间口口相传 B.向客户做宣传
（4）你觉得客户是否强大？ A.是 B.否	（4）你的客户模式是（　　） A.利润表模式——靠友好打动他们 B.成本重心模式——用更少的人、花更少的时间等
（5）你和客户之间的关系更像（　　） A.私人关系 B.业务关系	（5）最近公司盈利的主要来源是（　　） A.在产品上投资，并提高价格 B.削减产品数量，降低价格，或两者都有

左侧的问题是你自认为对客户的轻视水平，右侧的问题是你实际上对客户的轻视水平。数一下左侧问题的答案中有几个和右侧问题的答案是一样的，比如，两边都选了A。如果有四五个，那么你的行为和想法是一致的。如果少于4个，要么是你自我认识不够，要么是你的公司内部不够一致。

接着，你再数一数在这10道题中，有几道题你选了B。如果有0到3个，那么说明你并不轻视客户。如果有4个以上，那么说明你很轻视客户。

以超级客户为中心，就意味着一切。前50个超级客户就是你和企业的核心任务与目标所在。或许你的企业在规模和影响力上无法与那些大品牌相提并论，然而超级客户所具备的价值和发挥的作用却是相同的。只要你能够真心实意地对待这些超级客户，并能建立真正的私人关系，那么当你尝试打破常规或是遭遇困境之时，他们都会毫不犹豫地伸出援手。

四、150×150获客法则

恭喜你！你已成功拥有 50 个超级客户，成功从"一无所有"的起步阶段迈入"有所建树"的新阶段。

这一成果标志着你找到了产品与市场的**"最佳契合点"**。超级客户的存在，意味着你的生意即便在没有持续开展推销活动的情况下，也能够稳健发展。此时，你可以加大投入力度，依然将重心聚焦于这前 50 个超级客户，努力获取他们的推荐，进而将超级客户的数量稳步拓展至 100 个，直至达成 150 个的目标，最终构建起一个小而美的增长极系统。

在这个关键的时刻，你应当精心筹备并举办一场别开生面的"答谢会"，甚至可以打造一个专属超级玩家的**"私人答谢会"**。诚挚且隆重地邀请那前 50 个不仅喜欢你，同时也是你格外在乎的超级客户。在答谢会上，向他们表达你由衷的感激之情，感谢他们一直以来给予的坚定支持。通过这样一场充满诚意的活动，能够在最大限度上激活专属于你的"小型熟人社会"。这个小社会如同一个温暖的"内群体"，其中的每个人都是鲜活的个体，有着各自独特的故事和丰富的情感，大家凭借着熟人间深厚的信任与紧密的合作来维系这个特殊的群体。

随后，你便会惊喜地发现，这些超级客户不仅会带来自己的家人和朋友，还可能带来极具潜力的潜在超级客户。他们或许会在你的活动尚未正式开启之前，就已经不遗余力地帮你进行宣传推广，热情地向身边的人讲述你的产品是多么出色。之所以如此，是因为你此前已经与他们进行了有效的沟通，让他们充分了解了相关信息，而他们也十分乐意支持你。

你的超级客户可能是比你还优秀的销售，他们的推荐至关重要。凭借着他们的积极推荐，你的超级客户群体将从前50个稳步扩张至150个，乃至更多。

然而，需要再次提醒的是，一旦超级客户群的数量超过150人，你就必须严格遵循150定律，对这个群体进行合理的拆分和重组。之后，交由新的超级玩家来负责领导新形成的超级客户社群。按照这样的模式不断推进，你将逐步构建起一个个由"内群体"和"外群体"共同组成的**"超级客户群"**。

由于社交活动本身对人们的记忆和认知能力有着一定的要求，会带来相应的负担，所以人们为了简化认知过程，必须对这些社群进行标签化处理。例如安徽大学校友会、合肥老乡群以及蔚来车友会等，都是典型的标签化社群。

1. 从 250 定律到 150 定律

在商业与社交的发展历程中，有两个极具影响力的定律值得我们深入探究，它们分别是20世纪70年代由世界上最成功的推销员乔·吉拉德提出的"250定律"，以及20世纪90年代英国人类学家罗宾·邓巴提出的"150定律"。

（1）250定律：顾客背后的连锁效应

20世纪70年代，世界上最成功的推销员乔·吉拉德（从1963年至1978年总共推销出13 001辆雪佛兰汽车）提出"250定律"，他认为每一位顾客身后，大体有250名亲朋好友。如果您赢得了一位顾客的好感，就意味着赢得了250个人的好感；反之，如果你得罪了一名顾客，也就意味着得罪了250名顾客。如果一个推销员在年初的一个星期里见到50个人，其中只要有两个顾客对他的态度感到不愉快，到了年底，由于**"连锁效应"**就可能有5 000个人不愿意和这个推销员打交道。他们知道一件事：不要跟这位推销员做生意。由此，乔·吉拉德得出结论：在任何情况下，都不要得罪哪怕是一个顾客。在乔·吉拉德的推销生涯中，每天都将250定律（不得罪一个顾客）牢记在心，抱定顾客至上的态度，时刻控制着自己的情绪，不因顾客的刁难，或是不喜欢对方，或是自己心绪不佳等原因而怠慢顾客。乔·吉拉德说得好："你只要赶走一个顾客，就等于赶走了潜在的250个顾客。"

（2）150定律：人类有效社交关系的上限

时间来到20世纪90年代，英国人类学家罗宾·邓巴提出了具有深远意义的"150定律"（Rule of 150）。这一定律通过对猴子和猿类等灵长类动物社交行为的深入研究，为我们揭示了人类社群规模的一个重要规律：人类能拥有的有效社交关系数量存在一个上限，大约是150人。从某种程度上，我们的思想是我们大脑的产物，但大脑的进化并不迅速，我们的思维方式和生活经验仍然映射着人类早期对环境的适应，一如人类在50万年前的生活图景。进化心理学家有时把人类描绘成"太空时代宇宙中的石器思想者"。原始部落的规模一般在150人左右，现代人的熟人基本也在这个规模，不需要层级管理的公司的规模，军队的最小作战单位，村落的人数，基本都是150人左右。尽管在移动互联网时代，人们可能更有效地宣传自己，但一如既往，那些拥有最多微信好友的人，他们仍然只拥有同样少量的亲密好友，也只是与其中一小部分保持联系。

（3）对比与启示：150定律的优势与思考

综上所述，"150定律"比"250定律"更准确、更实际、更容易达成目标。"250定律"主要强调了顾客关系的连锁效应，侧重于从商业营销的角度提醒人们重视每一位顾客；而"150定律"则深入人类社交的本质，揭示了人类有效社交关系的上限，为我们理解和管理人际关系提供了更为科学的依据。

有时候，凡事反过来想，问题往往会变得更加清晰。比如，当我们思考一个企业的发展时，可以设想一下：一个连150个超级客户都没有的企业会是个什么样子？这或许会促使我们重新审视企业的经营策略，更加注重客户关系的深度和质量，努力打造一个基于"150定律"的高效社交和商业运营模式。

2.150×150超级获客法则

或许是受到250定律启发，蒂姆·邓普顿在《销售就是玩转朋友圈》一书中提出的"250×250法则"，无疑深受250定律的启发。他强调，在商业社交中，重要的不仅是你认识谁，更重要的是你的250个客户和伙伴认识谁。基于此，你潜在的影响圈就是基于你数据库中的250个客户名单再乘以他们认识的人数，最终得出的结果（250×250=62 500）是一个庞大的数字，这充分展示了这种人脉拓展模式所蕴含的巨大潜力。

"250×250法则"的获客思路具有显著的借鉴价值。即便将其按照150定律调整为"150×150法则"，通过简单计算（150×150=22 500个），也能得到一个相当可观的数字。如此庞大的潜在客户数量，足以构建起一个规模庞大的超级客户社群，甚至有可能借助这一社群基础，成功孵化出一个小而美的超级社群品牌，为企业发展开辟新的增长路径。

然而，在众多的获客思路与方法中，你最应当将目光聚焦于"以150个超级客户为中心"的获客原则。从最初的15个超级客户逐步拓展至50个，再到150个，在这一过程中，坚持亲自与客户进行沟通，并采用系统化的沟通方式，制订覆盖12个月的**"感谢计划"**，确保客户能够持续感受到企业的关怀与重视。通过这种方式，以确保实现一个小而美的增长才是最为行之有效的超级获客法则。遵循这一法则，企业能够摆脱对单纯流量的过度依赖，有效缓解"流量焦虑症"，在激烈的市场竞争中，凭借优质的客户关系与稳定的客户增长，实现可持续发展。

乔·吉拉德有一句名言："买过我汽车的顾客都会帮我推销"，此即著名的**"猎犬计划"**。该计划的核心在于通过客户来发展新客户，客户的推荐就是一张获得生意机会的"通行证"。如果乔·吉拉德发现客户是一位领导人物，其他人会听他的话，那么，他会更加努力促成交易并设法让其成为猎犬（关键意见消费者，KOC）。当然，介绍人每推荐成功一辆车，乔·吉拉德就会马上付给他50美元，并非等到售出时才支付，这就是"表示感谢！"的基本原则。付50美元可以让你赚到好几百美元，但你真的必须能够做到"先花钱后赚钱"，此时，请你谨记黄金法则，凡有所获，必有付出。

那么，该如何与150个超级客户（推荐人）维系良好的关系呢？

■ 首先，要信守承诺，就像"50美元介绍费"这样的承诺，只有做到言出必行，他们才会因此爱你、帮助你。

■ 其次，要制订"表示感谢！"计划。精心列出专属于你的、涵盖12个月的感谢计划，明确每个月需要定期发送的信息以及寄送的礼物。

下表摘自蒂姆·邓普顿的著作《销售就是玩转朋友圈》，且已作相应修改。

表2-2　12个月的"表示感谢！"计划

1月	元旦祝福短视频
2月	微信拜年红包
3月	会员日+线下答谢活动
4月	春季新茶（实物）+手写明信片
5月	母亲节/电子福利券+祝福短视频
6月	父亲节/电子福利券
7月	应季水果（实物）+手写明信片
8月	七夕节/电子优惠券
9月	中秋节礼物（实物）+电子优惠券+短视频
10月	重阳节+电子福利券
11月	感恩节+线下答谢活动
12月	圣诞祝福+短视频

定期，从不间断，把超级客户的关系放在第一位。
要富有创造性，恰当的赠品或小礼物可以留下长久的印象。
以实际的、个性化的方式，立刻表扬和感谢推荐人，实施感谢计划。
建立12次/年亲自交流的真正目的，是让你和超级客户之间建立真正的"私人关系"。
你是否注意到，你愿意在阅读信息上花费的时间，直接取决于"发件人是谁"，然后才是"信息内容简单与否"以及"他们的请求是什么"。对于陌生人的信息，你已经不再愿意打开，甚至会屏蔽或删除联系人。为什么越来越多的人朋友圈设置仅三天可见？为什么有些人开始把好友控制在150人以内？

3. 专注于 150 个超级客户

在此,要向你致以最诚挚的祝贺!你已然成功拥有了前 150 个超级客户。此时,我有理由相信,你已经顺理成章地收获了 1 000 个甚至更多的铁杆客户以及稳定客户。

这一显著成果充分证明了公司有能力找到那些非关联的超级客户(无论是付费客户还是会员),并与之建立起稳固而良好的关系。这无疑是一个极具说服力的信号,表明公司或者创新项目已经精准地勾勒出一个清晰的**"客户画像"**,进而成功地形成了一个独特的"利基市场"——为了避免在市场上与强大的竞争对手发生正面冲突而受其攻击,选取被大企业忽略的、需求尚未得到满足、力量薄弱的、有获利基础的细分市场。

150人超级客户群,足以撬动利基市场

菲利普·科特勒在《营销管理》中对利基的定义为:利基是对特定群体进行更精准的界定,它指向一个小众市场,这个市场的需求尚未得到充分满足,或者具备可观的盈利潜力。企业通过细致的市场细分,将资源与精力集中于某个特定的目标市场,或是严格聚焦于一个细分领域,或是着重经营某一款产品与服务,从而塑造产品与服务的独特优势,完成精准的客户画像,实现市场占位。

利基(Niche)本质上体现了"专注"的内涵,即企业集中力量服务特定的客户群体。以 150 个超级客户为核心,聚焦于最有可能赢得超级客户(KOC)的领域,并充分发挥自身独特的专业优势,以此为公司创造最大化价值。在充满不确定性的市场竞争环境中,探寻具有确定性增长潜力的价值,而非盲目追求泛泛的"任意价值",这是企业实现稳健发展的关键所在。

随着移动互联网的迅猛发展，**"人以群分"**的现象被推向极致。美国畅销品牌专家马蒂·纽迈耶指出，在当下这个极易形成各类圈子的时代，衡量市场的基本单位已不再是传统的细分市场，而是社群（tribe）。客户在社群中进行消费，不仅能获得安全感，还能收获成就感。在此背景下，市场竞争的实质已演变为社群之间的较量，而非单纯的公司间竞争。

基于此，以150个超级客户为中心组建超级社群，对于企业而言意义重大，足以助力企业完成针对一个利基市场的精准客户画像。企业若每次都能精准定位一个利基市场，在超级社群中引发产品的"微热销"，那么后续客户资源将源源不断，最终实现企业的宏大目标。

当然，企业践行以150个超级客户为中心的增长战略，需要具备坚定不移的战略定力。正如清代诗人郑板桥在《竹石》中所描绘的精神："咬定青山不放松，立根原在破岩中。千磨万击还坚劲，任尔东西南北风。"企业在实施这一战略时，应如同扎根破岩的翠竹，紧紧锁定"以150个超级客户为中心"，坚守战略方向，切不可随波逐流、缺乏主见。若企业一味追求面面俱到，试图在各个领域全面开花，最终只会导致精力分散，难以在核心业务上实现实质性突破，错失发展良机。

借助150计划，推进SCRM系统

公司的发展犹如一段征程，从"一无所有"开启艰难的起步之旅，即从0到15这个阶段，在不断摸索与努力中逐渐积累，进而迈入"有所建树"的阶段，也就是从15到50。这是公司发展历程中的第一个重要阶段，是从无到有、奠定基础的关键时期。

随着业务的持续推进和客户群体的不断扩大，公司便会顺势进入第二阶段。从50个超级客户逐步发展到150个，甚至更多。在这个阶段，公司面临着更为复杂的客户关系管理挑战，不得不深入思考如何建立一套科学、高效的客户关系管理 CRM 系统，以应对日益增长的客户需求和业务规模。

微软 CEO 纳德拉曾指出："如今，几乎每家公司都宣称是或正在成为一家科技公司。"在过去，将科技公司从其他公司中单独划分出来是合理之举，但在当下，每家公司都对科技有着高度的依赖。比如自动化办公软件能提升办公效率，电子商务软件拓宽了销售渠道，线上支付系统让交易更加便捷，社交媒体软件增强了与客户的互动，CRM 软件系统则有助于更好地管理客户关系，等等。随着社交媒体的广泛应用，传统 CRM 协同得以迅速拓展并进化为 SCRM 系统（Social CRM），即社交化客户关系管理系统。它并非单纯的软件，而是方法论、软件与 IT 的有机融合，更是信息时代企业的一种商业策略。

在当今数字化时代，企业运营高度依赖客户关系管理工具。无论是 CRM 还是 SCRM，公司关注的核心始终是如何更有效地与客户沟通，从而高效提升超级客户转化率，实现收入增长。很多公司投入大量资金购置 CRM 软件系统，本以为能为业务赋能，结果却事与愿违。销售团队不愿使用，频频抱怨系统不好用，导致系统要么被重新更换，要么被搁置一旁。据估算，在部署 CRM 系统的公司中，竟有高达 70% 最终以失败告终。即便采用了最新的 SCRM 系统，如果无法解决客户转化率提升和业绩增长的问题，也会和 CRM 一样，沦为让人头疼的"大麻烦"。

这背后的原因是什么呢？

事实上，绝大多数部署 CRM 的公司背离了"客户关系管理"的本意。"客户关系管理"，核心在于关注客户、维护关系以及科学管理。所以，当企业在客户关系管理中陷入困境时，应当认真思考黄金法则——利他原

则。使用 CRM，究竟是为了更好地服务客户，还是为了管理员工？ CRM
能给员工带来哪些实际好处？员工和客户的利益是否得到了真正保障？

　　在此背景下，以 150 个超级客户为中心推进 SCRM 系统，能促使企业
重新审视部署 SCRM 系统的深层意义，思考如何根据实际情况进行量身定
制，为企业打造贴合自身需求的客户关系管理方案。

　　因此，在做任何相关决策时，都要先站在使用者角度去思考他们的感
受，做到推己及人，接着再深入考量超级客户的感受。最后，你要认真
思索采用 SCRM 系统的真正目的究竟是什么。其核心目的是否让超级玩家
（包括你自己）与更多富有个性、有血有肉且有着各自故事的超级客户建
立起个性化的私人关系，而非仅仅是为了与低端客户建联，更不是为了收
集一堆毫无生机的枯燥数据。

　　在社交媒体领域，个人微信的私有化价值有力地推动了企业微信的蓬
勃发展。2020 年，企业微信开放了大量的功能和能力，企微 SCRM 切实地
帮助企业解决了三个关键问题："知道用户是谁、知道如何去沟通、知道
什么时候沟通"。如今，几乎所有人的日常社交沟通都离不开微信，客户
自然也活跃在微信平台上。消费模式的转变与升级进一步加速了 CRM 社
会化的趋势。相较于传统 CRM，SCRM 更注重挖掘用户背后的社交网络价
值，这是一次顺应现代人际交流方式的重要工具升级。

　　自 2019 年 12 月企业微信 3.0 版本发布以来，整个行业呈现出从个人
微信向企业微信转移的显著趋势。以简成钢琴为例，这家仅有 3 名运营人
员的企业，仅仅借助一张企业微信的智能表格，就实现了客户关系的"自
动化流程"管理。其人均服务粉丝数量高达 7 000 人，付费转化率达到了
50%，营收更是超过了千万元。

150计划确定了，干部就是关键

实施 150 计划，选对客户，只是战略制胜的第一步，接下来就要"搭班子、定战略、带队伍"。没有一个意志统一的、有战斗力的班子，什么定战略、带队伍都做不出来。

"搭班子"不仅仅是简单地搭建一个组织架构，更是精心考量把合适的人放在恰当的位置上，明确他们之间的职责关系，以及是否具备积极向上的组织文化和健全完善的基本制度。基于此，150 计划若要取得成功，其关键就在于精心搭建一个由实际负责人和指导委员会共同组成的"班子"。

这个"班子"需要将主要精力聚焦于服务和领导那些最具价值的超级客户，通过全方位、个性化的服务，满足超级客户的多样化需求，提升他们的体验感。与此同时，还要充分发挥协调作用，协同不同部门之间的工作，打破部门壁垒，形成强大的工作合力。并且，在注重超级客户体验的同时，不能忽视员工体验的提升，要认识到员工是企业服务客户的直接执行者，员工体验的好坏直接影响到客户体验的优劣。因此，这个"班子"应成为客户体验和员工体验管理计划的统一领导机构，统筹兼顾，实现两者的协同发展。

由此不难看出，企业领导人和干部所秉持的思维方式已然成为决定企业兴衰成败的核心要素。企业若想在激烈的竞争中脱颖而出、赢得最终的胜利，其关键就在于领导人与干部齐心协力共同搭建起一个强有力的班子。

（1）领导人的思维方式决定了公司的成败兴亡

公司经营的好坏，关键在于领导人。然而，正所谓"千人千面"，一千个经营者就有 1 000 种思维方式，领导人思维方式因人而异。企业经营得不好，不是股东不好，不是员工不好，不是产品不好，更不是因为客户不好。不好的原因只有一个，就是企业领导人的思维方式不对。日本经营之圣稻盛和夫曾说过，企业经营的好坏是由领导人持有的思维方式和意志决定的。

企业的兴盛与衰败，在很大程度上系于领导人一身。这样的实例在商业世界中不胜枚举。华为创始人任正非也曾感慨地说，如果当初他没有选择投身通信行业，而是转而从事养猪或做豆腐等其他行业，那么或许他现在就会成为"养猪大王"或"豆腐大王"了。这也从侧面印证了领导人的思维方式对于企业发展方向和命运的决定性影响。

（2）管理干部的能力决定组织的战斗力和竞争力

在组织的发展进程中，团队之间在质量上所存在的差距，绝非单纯依靠数量的增加就能够弥补的。而人才，以及能够充分发挥人才作用的使用机制，才是组织力得以稳固支撑的关键所在。因为真正推动组织向前发展、提升组织战斗力和竞争力的，正是那些少数的关键人才以及他们所具备的卓越能力。比尔·盖茨曾有过这样的论断：倘若微软公司遭遇全面崩溃，他只需带领公司顶尖的 20 个人，便有能力重新缔造一个微软。马云也明确表示，他宁愿选择一流的团队搭配三流的方案，也绝不愿意选择三流的团队搭配一流的方案。乔布斯更是感慨道："我以前认为一个好员工能顶 5 个普通员工，后来才发现我错了，一个好员工实际上能顶 50 个。"

然而，正如《尚书·说命中》所言"非知之艰，行之惟艰"，确是至理。知晓道理往往并非难事，可真正将其付诸实践却困难重重。就如前文所阐述的那样，以客户为中心的实践之所以面临如此大的挑战，其主要根源在于企业内部的组织架构存在缺失。具体而言，企业中缺乏专门负责超级客户的"干部"，相应的岗位设置也付诸阙如，更别提配套的工作方法、清晰明确的目标以及科学合理的绩效评估体系了。由于这项工作不在任何人的工作范围之内，各个职能部门都有自己的绩效目标，不愿意承担额外的协同工作。如此一来，以客户为中心，尤其是以150个超级客户为中心的工作任务，就极易被搁置一旁，或者只是敷衍了事，难以真正落到实处。

五、流量的尽头是超级客户

在当今的互联网时代，整个行业的用户增长态势明显放缓，我们正逐步从充满无限可能的增量市场过渡到竞争更为激烈的存量市场。曾经令人瞩目的流量红利正逐渐消失，而与此同时，获取流量的成本却在不断攀升。在这样的大背景下，如果无法构建起有效的流量闭环与循环机制，不能持续产生新的精准流量，那么那些"只重流量而不重运营"的企业或营销人，或多或少都会有**"流量焦虑症"**。

面对日益严重的"流量焦虑症"，营销专家也曾给出"治疗方案"，称品牌是定心丸，给予用户信任和认同感；内容是处方药，针对用户痛点吸引引导；私域流量是体检仪，助力企业了解用户，精准营销服务。乍听有理，细究却缺乏具体性和可操作性。在互联网商业模式的产品、流量、变现三要素中，产品才是核心。流量运营关键在于流量变现，即获取消费金额，而非紧盯曝光、点击、点赞、评论等表面数据。"流量意味着体量，体量则意味着分量；用户聚焦之处，金钱必将随之。"这话凸显流量的重要性，但要清楚，唯有精准流量才能切实提升转化率，流量变现才是商业模式的终极追求。

　　与其弱弱地影响 10 万人，不如深深地打动 1 000 人。当流量红利退去，获客成本攀升，付费转化越来越差的时候，企业必须尽快走出不精准流量的**"细沙陷阱"**（公域流量如同细沙陷阱），进入私域流量（恰如私人鱼塘）的精细化运营中，去寻找新的增长方式。

　　还记得前文所讲述的那个"储时罐"的故事吗？在这个故事中，你的企业就如同那个透明的罐子，而罐子里所放置的高尔夫球、小石子、细沙和啤酒，它们的排序有着至关重要的意义。在这里，高尔夫球代表着超级客户，他们是企业最为重要的资产；小石子和细沙则象征着其他客户，虽然他们也构成了企业客户群体的一部分，但相较于超级客户而言，其重要性相对较低。如果你把所有的时间和精力都花费在小事上，就如同在罐子里不断地填充细沙，却忽略了高尔夫球的存在，那么最终必然会导致没有足够的时间和空间去处理真正重要的事情。所以，企业一定要紧紧围绕超级客户这一核心，将各项事务按照轻重缓急进行科学合理的排序。因为，除了最重要的事情，其他事情都如同细沙般渺小。

1. 超级客户是双赢战略

　　在经历了对互联网市场格局和流量变迁的深入分析后，接下来，我们迫切需要进行一次思维模式的重大转换。以往，我们的关注点更多地集中在**"如何吸引新客户"**上，仿佛新客户是企业发展的唯一动力源泉。然而，在当下的商业环境中，这种思维模式已经逐渐显露出它的局限性。我们应当将视角从向外广泛拓展新客户，转换到向内深耕，即"如何更好地服务现有客户，尤其是超级客户"这个更为关键的角度上来。

如今，我们已经步入存量时代，市场的竞争越发激烈，流量红利逐渐消失殆尽。在这样的大背景下，我们需要及时摒弃传统的流量思维，全面转向超级客户思维。流量思维注重的是不断地获取新的流量，追求规模的扩张，而超级客户思维则更加关注客户的质量和价值，强调对现有客户资源的深度挖掘和精细化运营。

超级客户在企业的发展中扮演着举足轻重的角色，他们就如同隐藏在企业内部的强大流量引擎。超级客户所拥有的影响力和传染力是不可小觑的。他们不仅仅是企业产品或服务的忠实消费者，更是企业品牌的积极传播者。凭借着他们在各自社交圈子中的口碑和影响力，能够自然而然地吸引更多潜在的、精准的客户，形成一个良性的循环。由于是基于超级客户的推荐而产生兴趣，往往与企业的目标客户群体高度契合，具有更高的转化率和忠诚度。

以超级客户为中心本身就是一个双赢的战略。在实施过程中，关键之处就在于实施的顺序，所以"排序"很重要。具体而言，你需要先从赢得15个超级客户起步，继而逐步扩展到50个、150个。在这个过程中，要运用高品质（更好）、独特性（不同）和经济性（低价）的**"偏袒式营销"**手段，逐级激活这些"超级客户"对品牌的高认同度以及高购买力，借此来实现存量的增收增利。同时，你还能依靠超级客户对产品的新视角和新想法，吸引更多的新客户，包括"唤醒"更多的老客户，从而扩大存量的基数。不可否认，在当今竞争激烈的商业环境中，聚焦超级客户社群，让超级客户去吸引更多潜在的超级客户，既是一个低成本获客手段，也是一个降本增效的方式，更是一个双赢战略。

流量的尽头是超级客户。一切应从超级客户开始思考，而非新客户。

要明白"依靠新客户救不了企业""开发十个新客户不如维护一个老客户"。所以，企业需要打造小而美的增长新框架——以150人超级客户群为支点撬动增长，回归"增收增利"模式。

2. 从15到150人的超级社群

根据"150定律"，一名超级玩家不仅能获得15~50位亲朋好友（强关系）毫无保留地支持，还可以维持50~150个稳定的熟人关系（弱关系）。这表明，在移动互联网技术的赋能下，超级玩家能够精准地管理和维护150个稳定的客户关系，从而成功构建一个"小型熟人社会"——这个社会的运转依托于熟人间的信任与紧密合作。

同理，在这样的小型熟人社会中，你依然可以借助"熟人关系"获得他们的再次推荐（即老带新）。哪怕仅仅赢得他们好友圈中15人（强关系）的支持，你也有很大概率获得一个规模为150×15=2 250人的**"好友推荐客户群"**。而且，在社交媒体算法推荐的作用下，你能够直接或间接地影响到150×150=22 500人。这个人数足以引爆一个更大规模的流行，从而构建一个或多个真正属于你自己的"超级社群"。

在以微信为典型代表的移动互联网时代，社交媒体已经深度渗透到全民生活的方方面面。这一变革使得人与人、人与信息之间的互动呈现出前所未有的丰富可能性，将"人以群分"的理念发挥到了极致。以小红书App为例，它对用户群体的细分达到了令人瞩目的程度，精准地划分出20个不同类别。其中，仅在户外运动这一领域，就进一步细分为12类人群。比如，有热衷于登山探险、挑战极限的专业登山者；有热爱骑行，追求速度与激情的公路自行车爱好者；有享受瑜伽带来的身心平衡与宁静的瑜伽爱好者；还有痴迷于马拉松，不断挑战自我极限的马拉松跑者；等等。

在当今时代，人群的划分依据正经历着从传统人口学向社会学视角的深刻转变。以往，人口学因素在人群划分中占据主导地位，而如今，人们更多的是基于共同的兴趣爱好、一致的价值观以及相似的生活方式等社会因素而聚集在一起。这种转变为品牌运营带来了全新的思路与发展方向。社群作为品牌运营的一种强有力的武器，在拥有 14 亿庞大人口基数的中国市场，展现出了巨大的潜力。它为打造具有强大影响力的**"超级社群品牌"**提供了更为便捷的途径。

例如运动服务品牌 Keep，它精准地围绕健身爱好者这一核心社群展开运营。通过精心打造丰富多样的健身课程，满足不同用户的健身需求；借助智能运动记录功能，帮助用户实时了解自己的运动数据和进步情况；并且积极举办各类线上线下的健身活动，增强用户之间的互动与交流。凭借这些举措，Keep 成功吸引了大量热爱运动、追求健康生活方式的用户，形成了一个高度活跃且忠诚度极高的社群，进而打造出了极具影响力的运动服务品牌。又如知识付费品牌得到 App，它聚焦于那些渴望通过知识提升自我、追求个人成长的用户群体。为了满足这一群体的学习需求，得到 App 邀请了众多知名专家学者、行业精英入驻平台，推出了涵盖商业、文化、科技等多个领域的优质课程。这些课程内容丰富、深入浅出，能够帮助用户拓宽视野、提升认知。以社群为依托，得到 App 在知识付费领域树立起了标杆性的品牌形象。

而最好的社群，往往是由那些在兴趣、价值观、技能方面相同，但在其他方面又存在差异的个体所组成。这样的社群既具有凝聚力，又充满了多样性。只要你的产品和服务真正具有价值和吸引力，你的家人和朋友就会自然而然地成为你的客户（推荐人）。如此一来，你便能够从亲朋好友的小圈子中迈出，顺利迈入属于你的超级社群。超级社群对于你的个人成长以及事业发展都具有至关重要的意义。在这个社群中，你将拥有 150 个超级客户，他们会成为你前行道路上的坚实助力，陪伴你一路前行，直至最终取得成功。

在移动互联网时代，一个超级玩家更容易通过社交媒体去连接、影响和组织一个 150 个超级客户以内的超级社群，获得私人关系的最大公约数，从而形成一个小而美的增长极。就像图 2–3 核心社交圈所展示的那样，一个 150 人的超级客户社群就像地震的"震中"一样，具备强大的辐射能力。它突破了地理位置的局限，让天南海北的人紧密相连；打破了人与人之间的隔阂，让交流与合作更加顺畅。这样的社群一旦形成合力，足以在所属领域引发连锁反应，引爆一场更大范围的流行风暴。

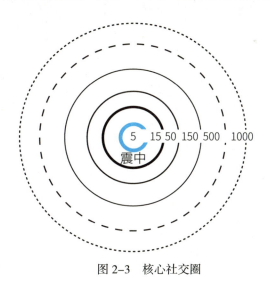

图 2–3　核心社交圈

未来，超级社群将会成为任何成功企业的新起点。当下，我们的企业和生意也正在遵循一个线上融合线下的社群化发展路径——以 150 个超级客户为中心的超级社群——从最在乎你的 5 个人"开始"，逐级裂变，在最不在乎你的人那里"结束"。当一个超级玩家成功地将一群超级用户凝聚在一起时，他们所产生的影响力便会呈现出指数级的增长，进而形成一个或多个小而美的增长极。

  静下心来仔细想想，我们会发现，最好的流量或许并不在遥不可及的远方。实际上，它常常就隐匿在我们的身边。那些与我们紧密相连的超级客户，就是一座等待挖掘的流量宝藏，静静地等待着我们去深入挖掘。既然如此，我们又何必舍近求远去盲目寻觅呢？

第三章
超级玩家

给我一个支点，我可以撬动整个地球。

——阿基米德

对于企业而言，什么才是最为重要的事物呢？

是充足的资金、丰厚的利润、广大的客户群体、优质的产品、先进的技术、独特的创意、紧密合作的经销商、布局广泛的终端门店，还是高效稳定的供应链呢？

实际上，对于企业来说，最重要的事物当数人才。人，是万事之本。人才，才是成事的关键。无论企业处于何种行业，有着怎样的规模和发展阶段，顶级人才无疑都是最为重要的事物。在当今时代，公司所面临的商业环境可谓瞬息万变、日新月异，唯有依赖顶尖人才的能力与干劲，才能够让公司在其中存活。

成功的关键并非在于做什么（what）、怎么做（how），而在于谁来做（who）。在众多影响因素里，经营者及其思维方式通常起到决定性作用。以"150计划"为例，其成败在很大程度上取决于超级玩家（顶尖人才），也就是150计划的实际负责人，以及他们所秉持的思维模式。为确保计划成功，公司还需围绕它精心"搭班子"，比如成立指导委员会。

决定你一生命运的，并非聪明的头脑和强壮的身体，而是你的思维方式。同理，在企业的发展历程中，企业领导人所秉持的思维方式往往决定着整个企业的命运走向。在企业的经营理念中，存在着这样一个层层递进的关系：**以客户为中心＞以铁杆客户为中心＞以1 000个铁杆客户为中心＞以150个超级客户为中心**。聚焦，聚焦，再聚焦，聚焦并非一个最终的终点，它更像一个新起点，有助于企业实施小而美的增长策略。

在商业的大舞台上，如图3-1所示，公司犹如一根杠杆，客户便是那举足轻重的支点，而市场则宛如一个等待被撬动的地球。正如阿基米德所言，"给我一个支点，我可以撬动整个地球"。只要给超级玩家一根杠杆，并且以150人超级客户群作为关键支点，那么无论这根杠杆的长度如何，即不管公司的规模是大还是小，都能够巧妙地撬动出一个小而美的增长效果，为企业的发展带来新的机遇和可能。

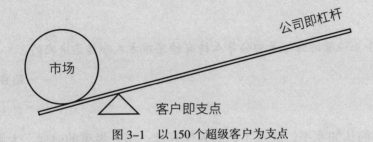

图3-1 以150个超级客户为支点

因此，150计划，即以150人超级客户群为支点构建的增长引擎，绝对值得你倾注80%以上的精力全力推进。这一核心策略恰似棋局中"一子落而满盘活"的关键手，不仅能强势撬动企业增长，更能带动营销、创新等各项工作协同共进。持续推进"150计划"，还能让你全身心聚焦于超级客户体验的精耕细作，逐步摆脱对竞争对手的过度关注，转而在专属的赛道上笃定前行。

与之形成强烈反差的是，倘若你把80%的精力都消耗在产品研发、价格制定、渠道拓展、促销活动、广告投放以及各种繁杂琐碎的工作计划上，无疑是主动陷入"细沙陷阱"。在这个陷阱里，你的精力会被无数的琐事所分散、消耗，从而导致你无暇去关注真正至关重要的事情——依托超级客户及其社群来实现超级增长。

一、超级玩家思维

企业经营的好坏是由领导人持有的思维方式和意志决定的。

——稻盛和夫

你的认知水平，决定了你的人生高度。当人做事的时候，大脑会有三层思考，我在做什么？我是怎么做的？我为什么要做这件事？世界上大部分人都知道自己在做什么，其中一部分人知道自己怎么做，但只有很少的人知道自己为什么要做这件事。这就是美国营销顾问西蒙·斯涅克提出的**"黄金圈法则"**——中心圈是"为什么（why）"、第二圈是"怎么做（how）"、最外面的圈是"做什么（what）"——所有成功的伟大领袖的思维方式都是"由内而外"（why-how-what）但又与其他人完全相反的。

其实，每个人、每个团队、每个企业都有一个"为什么（why）"，它是深植内心的目标和使命，是与人共情的理念和情怀，是激情与灵感的源泉。只有先解决了 why 的问题，what 和 how 才真正有意义。

那么，超级玩家的黄金圈法则又是什么呢？

负责 150 计划的超级玩家堪称公司的顶级人才。超级玩家所肩负的使命（为什么 why）不容置疑，那便是助推企业实现持续性增长。而小而美的增长，则是持续性增长在企业实际运营过程中的具体呈现。相较于持续性增长这一较为宏观的概念，小而美的增长更具实操性，能够在具体的业务环节中落地实施，同时也更具可衡量性，便于企业对增长效果进行精准评估和分析。

那么，如何实现小而美的增长呢？也就是"怎么做（how）"。超级玩家应当锚定人性不变的本质需求，以共情为起点和操作系统，建立需求坐标系，通过更好、不同、低价三个维度之间实现非对称突破和动态平衡，破解客户需求**"不可能三角"**：既要高品质（更好），又要独特性（不同），还要经济性（低价）。

至于具体到"做什么（what）"这个层面，归根结底就在于"以 150 人超级客户群为支点"实施营销和创新，重构"人⇌货⇌场"之间的关系。

综上所述，我们可以得出"超级玩家的黄金圈法则"，如图 3-2 所示：

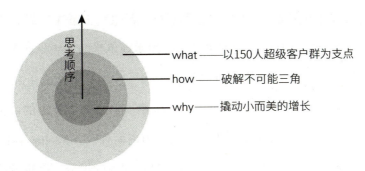

图 3-2　超级玩家的黄金圈法则

当然，超级玩家的职责，还要保证让目标客户在喜欢的时间（when）和喜欢的地方（where），和一群相互喜欢的人（who），共同去做一件让彼此喜欢的事情（what），最终形成一个线上线下一体化的运营闭环系统。

1. 三维坐标系

任何问题都可以拆分成一个一个的小问题，而解决这些小问题的方法往往是相似的。

——爱因斯坦

刘慈欣在其著作《三体》中曾有这样深刻的表述："高维度的生物对低维生物，就像人对蚂蚁一般，我消灭你，与你无关。"在商业的竞争中，你若想成为超级玩家，就至少要从多个维度去保持觉察和思考。唯有如此，在进行思考和采取行动之时，才能清晰地洞察自己以及对手所处的维度，进而做出全面且正确的抉择。

爱因斯坦也曾指出，人类常常陷入困境，其根源在于人们习惯于在制造问题的层面去试图解决问题。这意味着，若想真正解决问题，仅仅停留在原有的思维层次上是远远不够的，必须实现思维的升级。而黄金圈法则恰好提供了一种极具价值的升维思考逻辑。它在"做什么（what）"和"怎么做（how）"这两个基础层面之上，构建了一个更为关键的"为什么（why）"层面，并且对这三个要素进行了"由内而外"（why-how-what）的重新排序。从这个角度来看，对关键要素进行细致的拆分、合理的排序以及巧妙的组合，不正是一种充满智慧的创新吗？

1963年，法国数学家和哲学家勒内·笛卡尔出版了其颇具影响力的著作《方法论》。在该书中，他提出了极具指导意义的观点："……第二条原则是将我所研究的每一个难题尽可能细分，直到把它分解得不能再分为止。这样，才是解决这个难题的最好方法。"

图3-3所示的笛卡尔坐标系（三维坐标系），绝非普通的空间位置表

示工具，而是助力升维思考、提升格局的强大思维利器。它价值独特，能将混沌杂乱的思考，以结构化方式精准拆分为三个维度（维即方向）。我们可分别深入研究这三个维度，掌握其特点与规律后，再巧妙叠加进行深度思考。如此，便能更全面、系统地把握问题本质，找到更精准有效的解决方案，实现升维思考、降维拆解。引入笛卡尔坐标系思维，宛如打开通往更高思维境界的大门，让我们站在更广阔的维度认知世界、思考问题，极大拓宽思维视野，突破思维局限，发现更具创新性和有效性的方案。

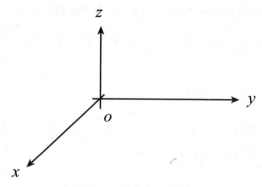

图 3-3　笛卡尔坐标系

自笛卡尔提出这套方法论起，**"拆分"**就成为人们理解任何问题最为根本的方法之一。它宛如一根神奇的魔法棒，能把复杂问题拆解成易于理解和处理的小部分。在企业管理领域，这一至关重要的拆分原则同样适用。比如，战略可拆分为成本领先、差异化和集中化三大竞争战略，这三大通用战略既可以单独运用，也能综合使用。本书围绕"小而美的增长"框架（如图 3-4 所示），从人（x）、货（y）、场（z）三个维度进行拆分。"人"涵盖客户和员工，尤其是超级客户与超级玩家；"货"指超级产品，产品正逐渐被场景所替代，升级为场域产品；"场"是超级道场，也就是超级媒体与超级卖场的结合，后文第四章将详细阐释。

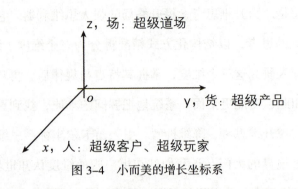

图 3-4　小而美的增长坐标系

所以，身为超级玩家，不仅得精于**"拆分"**之法，把复杂问题和目标拆解成具体、可操作的小单元，还得深谙**"整合"**之道，清楚怎样把多个细分目标有机融合，使之汇聚成一个统一且执行力强劲的战略。

2. EBDA 思维模型

在当今竞争激烈的商业环境中，企业如何实现持续增长、巩固行业地位并超越竞争对手？传统思维往往局限于"更好"、"不同"或"低价"的单维度策略，甚至一些经验丰富的玩家也仅在两个到三个维度间权衡。然而，这种线性思维存在明显局限性：它难以应对复杂的商业环境，忽略了各因素间的内在联系，更无法从更高维度整合目标，驱动企业持续增长。

相比之下，代表企业、企业决策者或创业者的超级玩家，则是采取一种多维、理性且极致的思维方式，旨在通过深度理解客户本质需求，以共情为出发点建立需求坐标系，在更好、不同、低价三个维度之间实现非对称突破和动态平衡，最终破解传统商业逻辑中的客户需求"不可能三角"：既要高品质（更好）、又要独特性（不同）、还要经济性（低价）。

现在，让我们从一个全新的视角来理解和分析这个问题。根据笛卡尔坐标系，如图 3-5 所示，假设坐标系的 x 轴代表着对"更好"的追求，y 轴代表着对"不同"的追求，z 轴则代表着对"低价"的追求，而原点（O）则代表着"共情"的底层操作系统（驱动引擎），即深入理解客户本质需求，并将其作为战略制定的出发点。

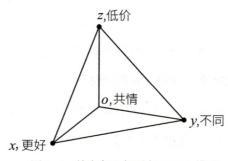

图 3-5 笛卡尔坐标系与 EBDA 模型

此图呈现了"更好""不同""低价"三个维度于坐标系中的动态平衡关联。以共情为原点和底层操作系统，驱动企业在这三个维度实现协同效应。借由三个维度间的相互赋能以及权重的动态调节，达成"1+1+1 > 3"的成效。凭借深度共情、三维协同和持续创新，企业不但能够实现短期增长，更可构筑长期竞争优势，甚至还能通过系统重构，突破行业成本结构的固有假设，确立全新的竞争规则。

基于上述假设，我们提炼出用以概括超级玩家的思维模型：EBDA 模型。如图 3-5 所示，该模型由共情（Empathy）、更好（Better）、不同（Different）、低价（Affordability）四大核心要素构成。这四个要素彼此关联，形成一个系统性的思维框架，助力企业破解高品质、独特性和经济性难以兼得的"不可能三角"。

该模型具体呈现如下：

EBDA模型=共情×（更好×不同×低价）

（1）共情（Empathy）：操作系统与驱动力

■ 定义：共情是超级玩家思维的出发点和操作系统，也是第一性原理。它是一种无须证明的最底层的真理。它不仅是情感共鸣，更是对客户需求的深刻理解。

■ 作用：共情帮助企业锚定客户底层需求，避免盲目模仿竞争对手，从而驱动其他三个维度，制定更具创新性和可持续性的战略系统。

■ 案例：Lululemon通过瑜伽社群与用户建立情感连接，将品牌融入生活方式。Lululemon不仅销售瑜伽服，还通过线下瑜伽课程和社区活动，打造了一个以健康生活方式为核心的品牌生态。2022年，Lululemon的会员复购率高达65%，远高于行业平均的30%。

（2）更好（Better）：品质与功能升级

■ 定义：在功能、品质、安全等方面追求卓越，为客户提供优质体验。

■ 作用：提升用户满意度和忠诚度，建立品牌信任。

■ 案例：戴森将78%的研发预算投入气流技术，打造极致性能。戴森的数码马达技术使其吸尘器和吹风机在性能上远超竞争对手。2022年，戴森在全球高端吸尘器市场的占有率超过50%，用户满意度高达90%。

（3）不同（Different）：差异化与独特性

■ 定义：通过独特的产品设计、品牌形象和服务体验，满足客户情感需求。

■ 作用：建立品牌护城河，避免同质化竞争。

■ 案例：三顿半以"3秒速溶"技术和迷你罐设计，颠覆传统咖啡市场。三顿半通过创新的速溶咖啡技术，解决了传统速溶咖啡口感差的问题，迅速占领了年轻消费者市场。2022年，三顿半的销售额突破10亿元，复购率超过40%。通过用户调研发现"便携性"是核心需求，推出3秒速溶的迷你罐装产品，复购率超40%。

（4）低价（Affordability）：成本重构与经济性

■ 定义：通过技术创新和模式优化，在保证高品质的前提下降低成本。

■ 作用：扩大市场覆盖，提升竞争力。

■ 案例：SHEIN通过柔性供应链和数字化管理，实现极致性价比。SHEIN的供应链系统能够实现7天极速上新，成本控制能力远超传统快时尚品牌。2022年，SHEIN的全球销售额突破300亿美元，用户复购率超过40%。

3. 超级玩家 +EBDA 模型

虽然"EBDA模型"这一名称简短易记，便于传播，但其较为普通，容易与其他思维模型混淆，难以凸显其创新性与突破性。此外，名称中未明确指向"超级玩家"所代表的核心用户群体——企业本身、企业领导者、决策者或创业者，这在一定程度上削弱了模型的针对性和吸引力。相比之下，在EBDA模型中加入"超级玩家"概念，形成"EBDA超级玩家模型"，则能很好地弥补这些不足。

首先，"EBDA超级玩家模型"这一名称传递出模型的创新性与突破性，使其与普通思维模型清晰区分开来。名称中的"超级玩家"不仅指向了目标用户群体（企业、领导者、决策者和创新者），还暗示了这是一种高阶的、多维的思维方式，能够帮助企业在复杂的商业环境中实现突破性增长。这种命名方式增强了模型的品牌化属性，使其更具辨识度和吸引力，适合作为高端商业理论或方法论进行推广。

其次，EBDA 超级玩家模型能够为企业领导者、决策者以及创新者提供一种系统性的战略框架。通过共情（Empathy）、更好（Better）、不同（Different）、低价（Affordability）四个核心要素的协同作用，企业可以有效破解"不可能三角"——高品质、独特性和经济性，从而实现极为确定性的增长。

其实，根据多款 AI 智能软件综合分析，应用"EBDA 超级玩家模型"的成功案例有很多。例如，特斯拉深入洞察消费者对环保出行、高效动力及智能驾驶体验的渴望（共情），大力投入技术创新，持续优化电池续航与动力性能（更好），以开创性的自动驾驶技术，颠覆传统驾驶模式（不同），并凭借规模化生产降低成本（低价），在电动汽车市场占据领先地位；小米精准把握消费者追求高性能、多功能且价格亲民电子产品的需求（共情），精心打磨高性价比硬件，为用户带来流畅的使用体验（更好），搭建庞大且极具特色的 IoT 生态链，实现设备互联互通（不同），借助出色的供应链管理，有效控制成本（低价），成为全球智能手机市场的领导者；元气森林精准洞察年轻消费者追求健康、美味饮品的需求（共情），选用优质代糖创新打造口感清爽的气泡水（更好），凭"0 糖 0 脂 0 卡"健康定位和时尚包装实现差异化（不同），借精准营销与供应链优化实现高性价比（低价），迅速占领市场；江小白精准洞察消费者对低度、风味独特酒品的需求（共情），精选原料与工艺提升梅见青梅酒品质（更好），凭国风包装、文化底蕴、佐餐定位形成差异（不同），借供应链优化和精准营销实现亲民价（低价），成为青梅酒中的佼佼者。这些案例充分展示了"EBDA超级玩家模型"在实际应用中的强大效能。

当然，为了便于记忆和灵活使用，还可以将"EBDA超级玩家模型"简化为"EBDA模型"，作为通用模型广泛应用于多种场景。这种简化版本不再局限于"超级玩家"这一特定群体，而是更适配不同层级、不同领域的企业和个人。例如，中小型企业可以通过"EBDA模型"快速理解并应用共情、更好、不同、低价的核心逻辑，制定适合自身的发展策略；个人创业者也可以借助这一模型，找到差异化竞争的优势，实现从0到1的突破。这种灵活性大大拓展了模型的适用范围，使其不仅适用于高端商业场景，也能服务于更广泛的用户群体。

总之，"EBDA超级玩家模型"通过精准定位目标用户群体，突出自身创新性，极大地增强了品牌化属性与市场吸引力；而简化为"EBDA模型"后，又能广泛传播、灵活应用，覆盖更多场景和用户。这种双重命名策略，既保证了模型的权威性和独特性，又兼顾了传播效率与普适性，为企业在复杂竞争中提供了强有力的思维工具。此外，该模型优势显著，不仅逻辑完备，实操性也极强，每个要素都有翔实实施路径与大量实际案例支撑，企业可根据自身情况灵活选择策略。同时，EBDA模型适用范围广泛，不受行业与企业规模限制，无论是初创企业还是成熟企业，都能借助它精准挖掘新的增长点。

而在实际应用中，EBDA模型可在以下三个关键方面发挥重要作用：

（1）**企业诊断：**企业运用 EBDA 模型开展全面自我诊断，精准定位在共情、更好、不同、低价四个维度上存在的不足，进而针对性地制定改进策略，实现自我优化与提升。

（2）**战略规划：**企业在制定战略时，围绕 EBDA 模型的四个要素，分别细化具体执行计划，确保战略规划既全面系统又切实可行，为企业发展提供清晰指引。

（3）**绩效评估：**将 EBDA 模型的四个要素融入绩效考核体系，定期对企业在共情能力、品质提升、差异化表现以及成本控制等方面的成果进行评估，持续推动企业优化升级，保持竞争优势。

4. 如何破解"不可能三角"

既然 EBDA 超级玩家模型已为企业提供了一套系统的战略框架，那么，企业如何借此探寻破解"不可能三角"的有效路径呢？

（1）建设共情系统

■ **用户洞察：**建立实时需求反馈机制，绘制客户需求的三维平衡仪表盘（如功能、体验、价格），并进行优先级排序（如手机行业屏幕、芯片、外壳）；采用价格弹性测试工具，比如蜜雪冰城测试出 ≤ 8 元为价格"甜蜜点"；采用 KANO 模型区分基本需求（低价）与兴奋需求（独特功能），进行痛点分级，比如大疆 Mavic Air 2，通过飞手社区提炼出"便携 + 专业拍摄"核心需求。

■ **数据驱动：**建立动态需求数据库，部署智能分析系统，每月更新，并且要求其预测的准确率要达到 85% 以上。比如，SHEIN 通过建立动态需求数据库和部署智能分析系统，实现了数据驱动的精准预测和快速响应，其预测准确率超过85%；小米之家通过安装成本监控与动态追踪系统，将SKU（库存保有单位）从5 000精简至200个高价值品类，实现品类聚集。

（2）三维协同策略

表3-1　三维协同策略维度

维度	实施要点	关键指标	工具方法
更好	超配资源打造极致体验	用户满意度≥90%	客户需求分类和排序，如KANO模型
不同	建立可感知的差异化价值	品牌独特性指数≥0.7	专利布局、文化绑定
低价	重构成本结构而非简单降价	成本优化率≥30%	供应链重构、模式转移、设计降本

成功案例：完美日记，精准共情与极致性价比的完美结合

完美日记通过精准的客户共情（Empathy），深入了解年轻消费者的需求，推出高性价比（低价）且设计独特（不同）的美妆产品。其产品不仅在外观设计上独具匠心，还通过优质原料和先进工艺（更好）确保了高品质。完美日记通过社交媒体和KOL营销，与消费者建立了深层次的情感连接，进一步增强了品牌忠诚度。其用户复购率超过50%，远高于行业平均的20%，成为国内美妆市场的佼佼者。完美日记的成功验证了EBDA模型在破解"不可能三角"中的有效性，展现了精准共情与极致性价比的完美结合。

（3）动态平衡机制

■ 权重调节

表3-2　权重调节表格

阶段	指标	方法
导入期	不同（50%）＞更好（30%）＞低价（20%）	侧重"不同"和"更好"，建立差异化认知 比如，三顿半的3秒速溶、迷你咖啡杯造型产品
成长期	更好（40%）≈不同（40%）＞低价（20%）	均衡投入"更好"和"不同"，夯实品质壁垒 比如，安克创新（亚马逊3C类目TOP1）严控退货率＜1.8%
成熟期	低价（40%）＞不同（35%）＞更好（25%）	侧重"低价"，通过规模效应降本增效，反哺创新 比如，小米IoT生态链模式

成功案例：追觅科技，从单点突破到全场景协同

追觅科技通过从吸尘器电机（单点突破）到智能算法（第二维度），再到全屋清洁方案（三维协同）的逐步升级，成功实现了"更好 × 不同 × 低价"的三维协同与平衡。追觅凭借自研电机技术，将吸尘器性能提升至行业领先水平（更好），同时通过智能算法优化清洁路径和效率（不同），为用户提供智能化、差异化的清洁体验。此外，追觅通过规模化生产和供应链优化（低价），实现了高性价比，迅速占领市场。截至 2023 年，追觅科技在国内市场的占有率从 2% 提升至 19%，用户复购率超过 40%，充分展现了 EBDA 模型在破解"不可能三角"中的有效性。

■ 预警系统

✧ **客户需求变化预警：**客户满意度下降超过 10%、NPS 值连续两个季度下滑、社交媒体负面评论增长 20% 以上。

◇ **客户流失预警**：复购率下降超过 15%、超级客户流失率上升。

◇ **建立成本敏感度模型**：当材料成本＞38% 时自动触发替代方案。

◇ **当任一维度评分＜行业平均 80% 时触发预警**：比如，客户投诉率增长 20% 以上、产品退货率上升超过 5%、毛利率下降至行业平均水平以下、生产成本上升超过 10%、竞争对手大幅降价。

◇ **建立季度战略校准会议机制**：根据市场变化和企业发展阶段，动态调整预警指标和应对策略。

（4）成本重构路径

◇ **设计降本**：简化功能模块，减少冗余设计。比如，蔚来的 BaaS 电池租赁模式，降低购车门槛。

◇ **技术创新转移成本**：比如，追觅科技和徕芬，它们通过自研电机降本 60%。

◇ **供应链优化**：通过区域化生产和数字化管理降低成本。比如，蜜雪冰城通过规模化采购和门店运营降低成本。

◇ **模式转移**：通过订阅制或会员制分摊成本。比如，特斯拉通过规模效应和软件订阅，分摊成本；Costco 通过会员制和规模化采购，降低商品价格。

（5）差异化护城河：技术与文化

◇ **专利布局**：保护核心技术，防止模仿。比如，花西子以东方美学为核心，申请大量设计专利。花西子的产品设计融合了传统文化元素，申请了超过 100 项专利，形成了独特的品牌护城河。2023 年，花西子的市场份额达到 31%，成为国内美妆市场的领导者。

✧ **文化绑定**：通过品牌故事和社群运营建立情感连接。比如，观夏通过东方美学叙事，打造高溢价香氛品牌。观夏的香氛产品不仅注重香味，还通过独特的东方美学设计，吸引了大量高端消费者。2023年，观夏的单品溢价率高达220%，成为国内高端香氛市场的领导者。

5.EBDA 模型的未来展望

未来，随着科技的发展和全球化的推进，EBDA 模型将继续赋能企业，引领商业创新。尤其是在移动互联网和人工智能（AI）时代，科技将会成为 EBDA 模型的高效放大器。

- 共情：通过虚拟现实（VR）和增强现实（AR）技术提升客户体验。

- 更好：通过数据分析和智能技术提升产品品质。

- 不同：利用 AI 和数字化工具创造独特体验。

- 低价：通过自动化和智能化降低运营成本。

EBDA 超级玩家模型不仅是一种战略工具，更是一种商业哲学。无论是作为统筹全局的企业本身，还是身为把控方向的决策者，抑或是身为专注执行的经营者，他们都能通过换位思考，为不同应用主体提供契合自身需求的思维路径与行动指南。因此，从超级玩家的角度，该模型还可演进为一种终极形态："**超级玩家 = 客户需求代言人 × 产业规则重塑者**"，凭借深度共情，精准代言客户需求，甚至化身"超级客户"，运用创新思维与系统能力，在动态平衡中化解"不可能三角"难题，重塑行业成本与价值规则，为企业开拓一条具备可持续性的确定性增长路径。

二、追求最大可能性

在 EBDA 超级玩家模型中，共情是出发点，更好和不同是发展方向，低价是结果。共情帮助企业制定以客户为中心的战略，确保产品和服务能够真正满足客户需求，从而为"更好"和"不同"提供方向。更好和不同是企业发展的两个核心方向，分别从品质和差异化角度提升产品竞争力，为低价提供支撑。通过技术创新、供应链优化、模式创新、规模效应和数据驱动，企业可以将低价转化为一项系统能力，而非简单的价格战工具。

在动态的市场环境下，市场需求的持续演变、竞争对手策略的动态调整以及技术的迅猛发展，均有可能致使"不可能三角"的平衡状态被打破。鉴于此，超级玩家们务必时刻保持高度敏锐的洞察力与灵活的应变能力，持续对自身战略与策略进行优化调整，秉持追求最大可能性的态度，以有效适应市场的动态变化。

当然，EBDA 超级玩家模型的四个构成要素并非基于"算法思维"，而是属于**"启发式思维"**范畴。该模型的应用旨在追求战略和方向的确定性，这种确定性体现在对市场趋势、客户需求以及商业机会的有效把握上，而非追求数据或结论的绝对准确性。

基于此，超级玩家应当为共情（Empathy）、更好（Better）、不同（Different）、低价（Affordability）这四个核心要素设定具备最大可行性的**"目标值"**，而非参照行业平均数值。究其原因，单纯参照行业"平均值"，对于企业的实际运营与决策过程缺乏实质性的指导价值。

1. 更好，无限接近第一

Good, better, best. Never let it rest.

Till your good is better and your better is best.

意思是：更好就要更好，更好就要最好，绝不让这个过程停下来，追求好到更好，一直到最好。

"没有所谓的最好，只有更好"，这是一个非常重要的价值观。更好，就是不满足现状。世界上没有完美，但却不可缺少追求完美的精神和意志。只有不断追求进步和提高，才能在竞争中不断创造和实现自己的价值。有人曾说过，人生的真正死亡，是从你放弃了对"更好的自己"的追求开始的。罗伯特·M.波西格在《禅与摩托车维修艺术》一书中提出了一个哲学概念叫**良质**——永远不要放弃在物质和精神层面对于"好"的追求——高质量地完成每件事，会让你的内心感到满足与平静。即使是最平凡的工作也能磨炼人，也能反映出一个人是不是有"良质"。无论你是在修椅子、缝衣服，还是在磨菜刀，你都可以做得"很漂亮"，也可以做得"很丑陋"。

"更"营销，参考"平均值"毫无意义

如果你让客户满意，他们就会对你的产品满意，就会买下产品，然后成为回头客。但是，你的竞争对手也同样希望客户满意，为了抢走你的客户，他们必须让客户"更满意"才行。谁能在客户满意度上更胜一筹，谁就能在市场竞争中占据有利地位。

那么，如何才能让客户更满意呢？这就需要企业深入思考并采取切实有效的策略。不妨借鉴一些成功企业的经验，比如拼多多，它以"更便宜"的价格优势吸引了大量的客户。再看古井贡酒，它凭借"更高年份或老酒更多"的独特卖点赢得了消费者的认可。还有小米手机，它以"更高性价比"在手机市场中脱颖而出。由此可以看出，若想让客户更满意，企业就得在某些方面做到更突出，时刻要彰显一个"更"字，比如更便宜、更快捷、更简单、更方便、更安全。总之，全都是我们所说的"比较级"，只有你在多个维度上超越竞争对手，才能真正赢得客户的"更满意"。

比较级意味着你卖给客户的东西必须更好，才能让他们选择从你这里而不是从别人那里购买。总之，你必须不断问自己，并想尽一切办法给等式加上一个"更"，有时还可以是"更"舒适、"更"可信、"更"快乐。

"更"营销，"卷"不停，参考"平均值"毫无意义。如果你觉得自己只要比"平均水平"好个30%、50%就够了，那么你自己注定也只会停留在"平均水平"，不会赢得"更"大的成功，甚至会在竞争中被汰换。特斯拉创始人埃隆·马斯克是个著名的**"十倍搅局者"**，他进入哪个领域，就可能给这个领域带来"十倍改进"，比如汽车、火箭和机器人领域。

《孙子兵法》说："求其上，得其中；求其中，得其下；求其下，必败。"对于那些立志成为超级玩家的企业和个人来说，平均水平的对手是什么样子的、平均水平的人才是什么样子的、平均水平的产品是什么样子的、平均水平的客户体验是什么样子的……参考行业的"平均值"，没有任何实际的指导意义。因为在这个"平均值"的上下波动范围内，几乎没有客户会真正地"与你共情"。客户所追求的，往往是那些能够超越平凡、带来全新体验和价值的产品与服务。唯有对"良质"的坚守，才是企业通向成功的必经之路。

无限接近第一，才是"更好"的目标值

要么第一，要么唯一。"第一"讲究竞争法则，"唯一"讲究完美主义。其实二者都包含了人们对于"良质"的极致追求。无论是通过不断创新打破行业壁垒，还是以独特价值占据市场空白，最终都是为了实现客户心中那份"更"的期待。

对于超级玩家来说，"第一"也好，"唯一"也罢，只有极少人能做到。但是，只有把锚定"第一名"作为对标竞争对手的奋斗方向，把"无限接近第一"作为"目标值"，才是我们保持"小而美"竞争优势的最佳策略。值得警惕的是，尽管我们选择了在更小的战场或领域里保持竞争优势，但是并不意味着我们要降低自己对品质和效率的要求。缺乏对"良质"的追求，我们不可能在任何市场中赢得竞争优势。

"对标第一，模仿第二" 的竞争策略，更容易让我们在更小的市场中赢得"第二名"，甚至成为"第一名"。"对标第一名"是高标准，"模仿第二名"则是严要求。因为"第一名"往往有它的特殊性、不可复制性，而"第二名"的成功则是一个既正确又安全，且被验证过的成功路径和模式，更值得快速地、深入地、极致化地去模仿。

对标第一名，让我们保持高标准。艾·里斯（Al Ries）和杰克·特劳特（Jack Trout）在《22条商规》中提出"二元定律"，在任何一个领域，最终会有两个品牌主导市场。从总体和长远的角度来看，你会发现市场往往演化成两个大品牌竞争的局面——通常一个是值得信赖的老品牌，另一个则是后起之秀。二元定律告诉我们，这些市场份额分配是不稳定的。而且，该定律还预测，领先者会丧失一些市场份额，而第二品牌则会提升其

市场占有率，其他品牌要么被收购兼并，要么成为面对利基市场（小众或细分市场）的专家品牌。例如：在手机领域中的苹果和华为，在咖啡领域中的星巴克和瑞幸咖啡，在外卖领域中的美团外卖和饿了么，在快递领域中的顺丰速运和京东物流，在浓香型白酒领域中的五粮液和洋河大曲。

模仿第二名，既要高标准，又要严要求。极致模仿并非简单复制，而是深刻理解行业精髓后的再创造。杰拉德·特斯利研究发现：那些第一个发明新产品的人，失败率能达到47%，几乎死一半；即使活下来，获得的平均市场份额，也只有10%；但是，那些迅猛模仿的"快老二"，他们的份额几乎是先驱者的3倍。所以，我们要放下脸面和自尊心，追求极致化地模仿"快老二"。但是，很多人就是放不下脸面来做这件事。然而，模仿第二的策略在很多行业都有着成功案例，比如在短视频领域抖音模仿快手、在美妆行业中花西子模仿完美日记、在餐饮领域中巴奴火锅模仿海底捞。还有安徽白酒市场中的迎驾贡酒，通过对标第一名古井贡酒，模仿第二名口子窖酒，从而超越口子窖，晋级为安徽第二名。

实际上，**"第一名模仿第二名"的策略，其可怕程度更甚**。举个例子，近期颇火的《思考如何超越思考》一书提到美洲杯帆船比赛的事。说的是，美洲杯的帆船比赛。假如两艘船一对一竞争，也就是，就咱俩了，没别人。这时，两艘船上的选手，往往会照搬对手的动作。我看你怎么划，我也怎么划。比如，看你为了适应风向调整了航线，那好，我也照着做。事情到这一步还挺平常。但关键是，你猜猜这两艘船，一般是谁先开始模仿谁？按照通常的设想，肯定是落后的模仿领先的。但是，事实正好相反，是领先的模仿落后的。这笔账你稍微算算就知道了。你看，我都已经领先了，这时，不管你干什么，我也跟着干，我们在后面的步调上完全一致，我原来的领先优势就会一直在。由此可见，在这个充满竞争的世界里，最让人感到可怕的，并非第二名对第一名的模仿，而是第一名对第二名的模仿。毕竟，第一名本身就拥有良好的基础和较高的起点，当它开始模仿时，不仅能够轻松地复制第二名的所有动作，甚至还有可能在此基础上进行创新，从而进一步拉大与对手的差距。

在运用"第一名模仿第二名"方面，Bending Spoons 堪称最为成功的公司之一。这家来自意大利的公司，中文名为"弯曲的勺子"，其做大做强的关键策略就是收购。但 Bending Spoons 的特别之处在于其核心的"第一名抄第二名"策略。与一般资本巨头不同，该公司拥有一支强悍的产品团队，从技术、运营到设计环节的人员，均是从谷歌、苹果、麦肯锡等挖来的头部人才。Bending Spoons 只要发现别家产品做得好，就会迅速收购，收购后立马裁员，虽会给予补偿，但裁员之果断让同行侧目。之后，会用自己的团队替换各环节人员。在他们看来，收购的是产品而非人，且凭借自家顶尖团队，能保证每个环节都比原来做得更好，这就如同体操比赛中，第一名身体素质超强，只需模仿第二名动作就能做得更好。

具体收购案例如下：

■ 收购北京大舣科技公司的 Remini 后，Bending Spoons 调整市场策略，将重点从修复老照片转向人工智能合成。

■ 收购"印象笔记"母公司 Evernote 后，针对其"免费＋高级订阅"模式发展停滞的问题，马上就进行策略优化。

■ 收购专业相机 App "Focos" 后，鉴于其小众但用户黏性高的特点，采取激进商业化策略，持续涨价，筛选出付费意愿强的用户。

更好，更容易在物质层面上实施**比附营销**。只要你把"无限接近第一"的"品质追求"作为公司努力奋斗方向，就可能让客户与你"一秒共情"，从而赢得客户的尊重、信任。特别是在进行产品展示时，若能将自己的产品与行业第一名的产品进行现场对比测试，便能淋漓尽致地展现出产品"物美价廉"的优势，进而形成一种让客户难以抗拒的强大吸引力。

做不了第一，那就做"第一个"

然而，在激烈的市场角逐中，并非所有企业都能如愿成为行业第一。此时，不妨转变思路，做"第一个"。

成为"第一个"的策略，不仅是对自身实力的肯定，也是对市场多样性的深刻理解。通过精准定位和持续创新，即便不是行业龙头，也能在细分市场中独树一帜。例如，小米在智能手机市场中，虽非第一，却凭借高性价比和创新技术，吸引了大量忠实用户。每个人都抗拒不了"第一个"。华为在 5G 手机领域的突破，正是对"第一个"信念的践行。2019 年禁运后，华为投入巨资研发，终于在 2023 年 8 月推出自主研发的 5G 手机，赢得广大消费者的认可。华为的成功，验证了"第一个"策略的有效性。

中小企业在实施"第一个"策略时，需深入挖掘自身优势，结合地方特色文化，打造独具特色的文创产品。日本著名品牌策划师广濑知砂子曾在《99% 的人都把卖点说错了》一书中提出了一个观点：每个人都抗拒不了做"第一个"。她指出，在精心打造"第一个商品概念"时，只要所打造的商品符合以下七大切入点中"第一个……商品"的定义，便能够脱颖而出。

■　这七大切入点分别为：

（1）开创先河型：第一个前所未有的商品。

（2）替代升级型：第一个取代 ×× 的商品。

（3）**痛点解决型**：第一个解决 ×× 不满的商品。

（4）**行业突破型**：第一个做到 ×× 的商品。

（5）**多功能融合型**：第一个可以同时 ×× 的商品。

（6）**权威认证型**：第一个获得 ×× 证书的商品。

（7）**独特来源型**：第一个从 ×× 进口的商品。

参考这七大切入点，你可以选出一项适合者，进行商品概念的思考与创新。比如，六个核桃是第一个主打"补脑"概念的坚果饮料，王老吉是第一个打响凉茶全国化品牌的产品，自嗨锅是第一个将自热技术应用于火锅品类的品牌，李渡白酒是"中国第一款沉浸式体验白酒"，北酱白酒则是"中国第一款咖啡风味酱香白酒"。

2. 不同，无限接近唯一

在这个物质充裕、竞争激烈、模仿盛行的时代，面对大量外观、功能相似的产品，我们的选择**"不是提供更多的产品，而是提供与众不同的产品"**。

差异化是小公司取胜的唯一机会。但是，"普通差异化"却是一场漫长而艰难的战斗，在这场战斗中，企业只是在寥寥几种竞争优势上付出了太多的努力：新功能、新包装、新口感，或者更低价、更快速、更可信。"如果我们加一些粉红色的夏威夷海盐，薯片就能卖得更好。""如果我们在洗衣粉中加入薰衣草的味道，它就会更受消费者青睐。""如果我们能在白酒中多加一点老酒，那就会更好卖一点。"此类"创新"的泛滥，几乎没有用处。

因此，大同小异的、平淡无奇的、略高于"平均水平"30% 或 50%

的那些"普通差异化"已经很难让客户与你共情了，你需要的是"极致的差异化"，是"无限接近唯一"的差异化，只有这样做才能让客户感知到"更彻底的不同"，才能为客户创造更为持久的价值。

客户的差异化，是实现极致差异化的关键

事实上，真正意义上最大的差异化，并非仅仅体现在产品本身的特性与功能上，而是更多地蕴含于客户的差异化之中。客户作为商业活动的核心主体，其需求、偏好和消费行为千差万别。因此，倘若企业能够将目光精准聚焦于超级客户，将他们视为唯一的服务对象，这无疑是一种极具前瞻性和创新性的**"极致的差异化"**策略。

我认为，"针对超级客户制定的极致服务策略，无疑是实现最大差异化的关键"。比如，针对喜爱黑巧克力且追求健康的超级客户，专门研发低糖、高可可含量并添加坚果的定制款；为有特殊纪念日的超级客户，打造融入专属元素的限量礼盒；在服务过程中，从下单到配送，提供全程尊享服务；下单后即刻安排专属客服跟进，确保订单准确无误；配送时采用顶级保鲜包装和专人专送，保证巧克力在最佳状态下送达。这种绝佳体验会让超级客户对企业产生高度的认同感和忠诚度，他们会愿意成为企业的忠实粉丝，并且主动向身边的人推荐企业的产品和服务。在口碑传播的强大推动下，企业的品牌形象将得以迅速树立和提升。

产品的差异化，如何做到极致差异化呢

既然知道了最大的差异化其实是客户的差异化，把超级客户当成唯一客户是个很厉害的"极致的差异化"策略，那到底怎样才能把产品做到极致差异化呢？

在探寻产品极致差异化的路径时，我们可以从客户在选购产品过程中所遵循的两个至关重要的标准切入，这两个标准分别是"物美价廉"和"与众不同"。值得深入剖析的是，"物美价廉"这一标准并非单一维度的概念，它同时涵盖了"更好"与"低价"这两个相互关联又各有侧重的子标准。

基于此，我们可以巧妙地运用"二维直角坐标系"来绘制一张图即可。在这个坐标系中，我们将 y 轴设定为代表"物美价廉"这一综合性标准，x 轴表示"与众不同"，用以衡量产品在市场中所展现出的独特性与差异化程度。而原点 O 则代表着"共情利他"的黄金法则（待人如己）。

为了更清晰、更全面地分析产品在这一坐标系中的位置及其所蕴含的商业价值，我们可以借鉴经典的波士顿矩阵（BCG Matrix）分析模型（如图 3-6 所示）。通过将产品置于这个矩阵之中，我们能够以一种全新的视角来审视产品的竞争力和发展潜力。在第一象限（Ⅰ区，位于 x 轴和 y 轴的正方向），既"物美价廉"又"与众不同"的组合可以帮助你创建一条成功的"极致差异化之路"，处于这个位置的产品更容易成为"明星型业务"，令人鼓舞。

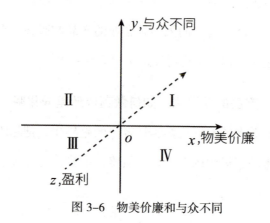

图 3-6　物美价廉和与众不同

　　而在第二象限（Ⅱ区），"物美价廉"又"非与众不同"的产品或服务注定是一个竞争激烈、同质化严重的市场，也是最容易引起价格战的地方；第三象限（Ⅲ区）的产品和服务将是最先被淘汰的区域；第四象限（Ⅳ区），"非物美价廉"又"与众不同"的产品和服务类似"瘦狗型业务"，一般都是公司的新业务，市场增长率高，利润率可能也很高，市场占有率低，但是随着市场份额的增长，也可以成为"明星型业务"。

　　如果在"物美价廉"和"与众不同"前面再加上"极致"两个字，表示程度非常高，强调事物或情感的强烈程度，那就能更加形象地表达"极致差异化"的概念。依据"波士顿矩阵"理论，处于第一象限的产品，极致的"物美价廉"（无限接近第一）中蕴含着极致的"与众不同"（无限接近唯一），堪称市场中的佼佼者。

　　基于此，我们能够梳理出一个关于产品极致差异化的公式：

极致差异化=极致物美价廉+极致与众不同

　　这一公式简洁而有力地揭示了，唯有将产品品质与价格优势做到极致，同时实现独一无二的差异化，才能在竞争激烈的商业浪潮中，成功打造出具有强大竞争力的极致差异化产品，从而引领市场潮流，赢得消费者的青睐与市场的认可。

　　然而，在全力追逐"极致差异化"这一诱人目标的征程中，务必保持清醒的头脑，时刻警惕潜在的风险。因此，我们需要在传统的二维坐标系基础上，巧妙增加一个全新的维度——z轴，也就是**"盈利"**维度。如此则构成了"营销不可能三角"，如图3-7所示。

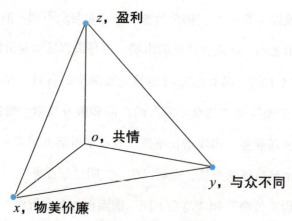

图 3-7 营销不可能三角

这是因为，无论产品的差异化多么显著、品质多么卓越、价格多么诱人，如果缺乏有竞争力的盈利能力，那么这种差异化就如同无本之木、无源之水，终究难以在商业的现实土壤中长久立足。只有在实现极致差异化的同时，确保企业具备持续稳定且富有竞争力的盈利能力，这样的差异化才具有真正的商业价值与战略意义，才能为企业的长远发展奠定坚实的基础。

之所以强调多维度思维方式，是因为当下的市场竞争犹如一场动态的、变幻莫测的棋局，每一步都充满变数。在这样的环境下，为更好、不同、低价三个维度中的每个维度设定一个清晰明确的"目标值"就显得至关重要。这一目标值，如同航海中的灯塔，能够为企业建立起竞争的"比较级"，让企业在复杂的竞争态势中，更敏锐、更精准地感知到自身所处的位置。在 EBDA 超级玩家模型中，"更好"的目标值是"无限接近第一"，"不同"的目标值则是"无限接近唯一"，在追求"无限接近第一"之中追求"无限接近唯一"，才是打开"极致差异化"的正确方式。

在探讨"极致差异化"这一概念时，**苏格兰麦芽威士忌协会**（The

Scotch Malt Whisky Society，SMWS）堪称绝佳范例。1983 年，这个面向全球威士忌爱好者的会员组织应运而生，自诞生之初，便执着聚焦于稀少且限量的单桶原酒领域。SMWS 威士忌不加水，不加焦糖色，不经过冷凝过滤，保持着大地和时间的原始风味。苏格兰麦芽威士忌协会酒也称密码酒，与常见的独立装瓶商不同，它的酒标上既不标注蒸馏酒厂的名称，甚至连产区信息也一概隐去，仅留下独一无二的密码编号。这一别具匠心的设计，赋予了每一瓶酒神秘的色彩，其神秘性与稀缺性相得益彰。每一瓶密码酒都宛如一个独特的风味密码盒，蕴藏着专属的风味密码，只有协会会员才有机会开启品鉴，探索其中的奥秘。这种"无限接近唯一"的体验，正是对"极致差异化"理念的完美诠释，让每一位品鉴者在追求极致口感的同时，感受到被尊重与珍视的独特情感。

创新并非全新，正如生物学家佛朗西斯卡·瑞迪的名言："每个生物都源于其他生物。"比起"从无到有"，如果你能善于把已存在的东西变成题材加以改善，或使之效率化、极致化，那就能让客户感知到"无限接近第一"与"无限接近唯一"的那种被尊重的情感（与客户共情）。对于客户来说，有些概念是否原创，其实根本无所谓。

"无限接近唯一"的设计思维不是算法思维，而是"启发式思维"，也是"客户中心化"思维，这就意味着没有既定的路径，没有数学公式来帮你达到目标，但你仍然需要紧盯第一，思维严谨、关注过程，否则你会毫无章法。如果你不能说你是"无限接近唯一"的，要么回去重新开始，要么在"无限接近第一"中寻找"不同"，而不是选择与第二名或第三名大同小异或相差无几。

3. 低价，无限接近零利润

> 凡有收益，必有代价。
>
> ——《王立铭进化论讲义》

英国古典经济学家亚当·斯密在其经典著作《国富论》中提出了一个极具洞察力的观点：利润降低并非商业衰退的结果，恰恰相反，它是商业繁荣的必然产物。随着商业持续繁荣发展，市场竞争会变得越发激烈且充分。当竞争达到绝对充分的状态时，所有产品的利润都将不可避免地无限趋近于零。

这一趋势表明，那种追求"高大上的增长"模式注定只是短暂的现象，而"小而美的增长"才是商业发展的常态。需要明确的是，本文重点并非探讨经济学领域中的企业利润、零利润定理或者社会平均利润率等理论问题，而是聚焦于企业如何巧妙运用"低价，无限接近零利润"这一独特视角，以终为始，反向指导企业通过技术、模式创新和营销策略，将低价转化为一项系统能力。

如何让低价成为一项系统能力

在 EBDA 思维模型中，共情是起点，更好和不同是发展方向，低价是结果。这种逻辑关系不仅符合商业规律，还能帮助企业通过技术创新、供应链优化、模式创新、规模效应和数据驱动，将低价转化为一项系统能力，而非简单的价格战工具。这种系统性的低价能力不仅能够提升企业竞争力，还能确保在低价的同时保持高品质和差异化优势，最终实现可持续增长。

因此，低价不应仅仅是通过压缩利润或降低质量来实现，而应通过系统性的能力建设来实现。以下是让低价成为一项系统能力的建议：

（1）技术创新驱动成本优化

■ **路径**：通过技术创新提升生产效率，重构成本曲线，降低单位成本。

■ **案例**：特斯拉通过电池技术创新和规模化生产，将电动汽车的成本大幅降低，同时保持高性能。徕芬通过自研电机成本降低 60%，实现戴森 80% 性能 +40% 价格。

■ **实施建议**：

◇ 加大研发投入，推动生产自动化和智能化。

◇ 与高校或科研机构合作，引入前沿技术。

（2）供应链优化与协同

■ **路径**：通过供应链优化和协同，以差异化成本结构，降低采购和物流成本。

■ **案例**：SHEIN 通过柔性供应链和数字化管理，实现 7 天极速上新，成本控制能力远超传统快时尚品牌。同时，SHEIN 还将成本分摊至产业链上下游，让供应商承担库存风险，换取订单量上升 30%。

■ **实施建议**：

◇ 建立数字化供应链平台，实现实时数据共享和协同。

◇ 与供应商建立长期合作关系，确保原材料价格稳定。

（3）模式创新与价值重构

■ **路径**：通过模式创新（如订阅制、会员制）重构价值分配，转移隐性成本，降低客户获取成本。

■ **案例**：Costco 通过会员制和规模化采购，将商品毛利率控制在 7%

以下，将会员费转化为利润主体（占比 75%），同时通过会员费实现盈利。

■ **实施建议：**

✧ 探索新的商业模式，如订阅制、共享经济等。

✧ 通过数据分析优化客户生命周期价值（CLV），提高客户满意度和忠诚度，降低获客成本。

（4）规模效应与资源整合

■ **路径：** 通过规模效应和资源整合，降低固定成本分摊。

■ **案例：** 小米通过生态链布局和规模化生产，将硬件成本控制在行业平均水平以下，同时通过软件和服务实现盈利。

■ **实施建议：**

✧ 扩大市场份额，提升规模效应。

✧ 整合上下游资源，形成协同效应。

（5）数据驱动的成本控制

■ **路径：** 通过数据分析和智能化管理，实现精准成本控制。

■ **案例：** 亚马逊、菜鸟均是通过大数据分析和智能化仓储管理，将物流成本降至行业最低水平。

■ **实施建议：**

✧ 建立数据驱动的成本监控系统，实时优化资源配置。

✧ 引入人工智能技术，提升运营效率，积极应对存量竞争。

EBDA模型，重塑低价系统

在当今竞争激烈的商业环境中，如何通过 EBDA 模型重塑低价系统，正在成为企业获取竞争优势的关键路径。EBDA 模型的精髓在于，以深度共情来建立需求坐标系。在这个坐标系所构建的三维空间里，企业能够敏锐地探寻到非对称突破点，摒弃传统的静态取舍模式，转而采用持续动态平衡的策略。

在实际操作中，企业可遵循**"非对称投入策略"**与**"超配法则"**。具体而言，就是聚焦于用户价值感知最为强烈的 1 ~ 2 个维度，以超越行业标准的力度投入资源，全力塑造极致优势；而在其余维度，则坚守底线标准，确保基本品质不受影响。

重塑低价系统，离不开共情（Empathy）、更好（Better）、不同（Different）、低价（Affordability）四个维度的协同发力。它们相互关联、相互促进，共同推动企业在复杂多变的市场中实施低价战略，赢得客户信赖与市场份额。

（1）"共情"驱动的需求精准化

■ **作用**：共情，是深入理解客户需求与情感的关键能力。通过共情深入理解客户需求、痛点和情感的起点，回归用户本质需求，精准捕捉客户需求，避免资源浪费，降低试错成本，打破行业成本假设。

■ **案例**：小米通过 MIUI 社区与用户深度互动，精准定位需求，在产品研发过程中，将资源集中投入用户真正关心的功能与特性上，避免了盲目研发，减少了大量的无效研发投入，使得产品在满足用户需求的同时，实现了成本的有效控制。

（2）"更好"驱动的品质提升

■ **作用**：通过技术创新和品质提升，降低售后成本和客户流失率。

■ **案例**：戴森在产品研发上投入大量资源，不断创新技术，如在吸尘器领域，凭借先进的气旋技术和强劲的吸力，以及精良的制造工艺，确保产品具备卓越品质，通过高品质产品减少退货率和维修成本，提升客户满意度。因此，戴森通过技术创新（更好）和独特设计（不同），在高端家电市场占据领先地位，同时通过规模效应实现成本控制（低价）。

（3）"不同"驱动的差异化优势

■ **作用**：通过差异化优势提升品牌溢价能力，降低价格敏感性。

■ **案例**：三顿半通过用户调研发现"便携性"是核心需求，采用独特的产品设计和技术创新，推出 3 秒速溶的迷你咖啡杯造型产品，以及创新的冻干咖啡技术，使咖啡能够在保留风味的同时，实现便捷冲泡。在咖啡市场占据差异化优势，降低价格竞争压力。

（4）"低价"驱动的市场覆盖

■ **作用**：通过系统性低价能力扩大市场覆盖，提升市场份额。

■ **案例**：SHEIN 通过极致性价比和快速上新，吸引全球年轻消费者，市场份额得以快速扩大，在跨境电商领域取得了显著成就。

免费+收费，一个更适合低价模式

价格的下限是生产者的平均成本，上限是消费者意愿价格。激烈的同行竞争迫使价格接近平均成本，甚至更低。但是，低价竞争并不在于一个商品的零价格，或负价格。而在于它是否低于正常的市场价格，低于竞争对手的价格，以低于平均成本的价格获得竞争优势。

在克里斯·安德森的《免费》这本书中，作者认为，在 20 世纪"免费"是一种强有力的推销手段，而在 21 世纪它已经成为一种全新的经济模式。但是，单单免费是不够的，它必须与付费搭配——免费也许是最好的价格，但它不可能是唯一的价格。免费的商业模式，建立在**"交叉补贴"**（Cross Subsidization）上。交叉补贴是一种定价战略，商家之所以愿意以低于成本的价格出售商品甚至赠送消费者商品，是因为交叉补贴的存在。"天下没有免费的午餐"，但世界却是一个交叉补贴的大舞台。交叉补贴可以有不同的作用方式，比如用付费产品补贴免费产品，用日后付费来补贴当前免费，由付费人群来给不付费人群提供补贴。比如巨人和盛大的"游戏免费、道具收费"、吉列剃须刀"送刀架，卖刀片"模式、中国移动"存话费，送手机"，当然还有"买水票、送饮水机"、360 杀毒软件免费、买一送一、买 100 送 50 等各种各样的免费模式。

未来，"免费＋收费"策略的重要性将与日俱增。虽说安德森也曾明确指出，只要商家能够切实提供"更好 × 不同"的产品或服务，便能够对"免费模式"形成有效抗衡。安德森把免费模式分成四大类：直接交叉补贴、三方市场、"免费＋收费"模式、非货币市场，其中"免费＋收费"模式是互联网最为常见的商业模式之一，核心是用免费的产品和服务去吸引用户，然后再用增值服务或其他产品收费，同时把前者作为一种廉价的推广手段，这已经成为互联网公司的普遍成长规律。这个模式之所以能够运转下去，是因为对于数字产品而言，95% 用户的服务成本几乎为零。这就是互联网经济的**"5% 定律"**，在一个互联网企业的用户中，只要有 5%的付费用户，由它们承载企业的所有收入来源，其他用户就可以免费得到服务。当然，5% 仅仅是一种假定的百分比分割。在现实世界中，恰当的平衡又是什么？根据各地市场情况的不同，答案不一而足。更何况随着时间的变化，"免费＋收费"的百分比分割点也是变化的（甚至有可能为销售 1% 的产品而需要赠送 99% 的产品），在公司初创时这些免费买家的价值远大于公司成立若干年后他们为其创造的价值。

未来，"低价×更好"模式仍有巨大空间

在商业活动中，商家总是竭尽全力试图"卖出高价"，以此获取更多

利润；而消费者则始终千方百计地"买入低价"，以实现自身利益的最大化。定价环节，俨然成为商家与消费者之间一场微妙而复杂的心理博弈。

在移动互联网时代，信息传播与获取变得更加便捷，万物皆可对比，比价更是轻而易举。在这样的背景下，消费者在定价过程中拥有的主导权越来越大。由此可见，"低价 × 更好"策略及其相伴而生的薄利多销模式，正逐渐成为未来商业发展的趋势。

当下，"低价 × 更好"的折扣零售模式，仍然有着巨大的发展空间。让我们来看一组数据。2022年，全球社会零售总额达到了令人瞩目的167万亿元，其中折扣业态所占的份额接近10%，约13.86万亿元。而中国2022年的社会零售总额为39万亿元，折扣业态占比只有3.5%，只有1万亿元。通过这样鲜明的数据对比，我们不难发现，中国折扣业态的发展相较于全球平均水平还有着相当大的差距，这无疑意味着在未来，中国的折扣零售模式有着更为广阔的拓展空间。比如，只在上海开设50多家门店的德国折扣卖场奥乐齐（ALDI），居然在和山东省面积差不多大的德国开了7 200家店，营收排在2024年度"全国零售50强榜单"第4位。为了塑造奥乐齐的低价形象，奥乐齐直接把沃尔玛当成参照系（对标第一），优先把牛奶、鸡蛋、面包、饮料这类必需品的价格做低，这个关键设计不仅是通过低价争夺市场空间，还通过传递"低价感"争夺客户心智。

再如，开市客（Costco）以"低价 × 更好 × 会员"的零售模式，这个"以贴近成本的低价格"著称的美国超市，曾备受小米CEO雷军追捧。为了确保**"高质低价"**战略，Costco有两条硬性规定：一是所有商品的毛利率不超过14%，二是绝不允许外部供应商的商品在他处定价低于Costco。

Costco 能够持续保持平均的毛利率只有 7% 的一个更重要原因在于，商品毛利只是一小部分，更大的利润来源是会员年费。Costco 不靠商品赚钱，而是靠每个环节都极具性价比的设计，依靠会员费促进消费来赚钱。在 Costco 购物的人必须持有会员卡，或者同伴持有会员卡。Costco 的会员分为执行会员和非执行会员两种。执行会员要求每年交 110 美元的年费，有资格在一年内享受消费总额 2%（最高 750 美元）的返现，以及一部分保险优惠；而非执行会员只需交 55 美元的年费，除了可以进场消费，还能额外带人进去。据开市客 2022 年财报，全年总营收 2 269.54 亿美元，同比增长 15.8%，净利润 58.44 亿美元，同比增长 16.7%，其中会员费贡献了 42.24 亿美元，基本上利润就是会员费。这就是会员超市（**零售即服务**）的魅力和竞争力之所在。

孔子曰："欲速，则不达，见小利，则大事不成。"此话充满了辩证法，一味追求低价效率反而达不到目的，贪图差价上的小利就很难成就大事。当几乎所有零售业都是在"赚差价"的时候，以开市客、山姆、麦德龙为代表的"会员超市"却抛弃了"低价买来加价卖"的老套路，开启了**"依靠会员费赚钱"**的新模式。以会员客户为中心的会员超市遵循"零售即服务"的理念，商家收了会员费，就是会员的超级买手，有责任和义务帮助会员精心采购物美价廉的商品。正是这种以会员为中心且物美价廉的经营理念（why），让会员有着超高的忠诚度，Costco 会员的续订率高达90%，每年都为 Costco 贡献一笔稳定的利润。如今，"M 型社会"已然到来，代表社会富裕与安定的中产阶层正在崩溃，约有八成人开始过起了精打细算的日子，既要精致又要实惠。Costco 的模式将会影响更多的企业参与其中，比如"极致性价比"的小米和"物美价廉"的胖东来。

4. 共情，第一性原理突破

"贪婪"的时代已经过去，"共情"正变得越来越重要。

——弗朗斯·德瓦尔

在激烈的市场竞争中，企业若单纯参照"平均值"来经营，实则毫无意义，唯有奋力"追寻最大可能性"，才是破局之道。就如EBDA模型，即便为"更好""不同""低价"这三个要素分别设定了极致的"目标值"，即"更好，无限接近第一""不同，无限接近唯一""低价，无限接近零利润"，但共情始终是这一模型的起点与底层操作系统。

共情是基于第一性原理去实现突破，回归客户本质需求，从最基本、最本质的原理出发去打破常规、实现创新。共情凭借需求捕捉，精准洞察客户的潜在诉求；通过动态调整，依据市场变化灵活优化策略；并借助风险预警，提前规避潜在危机。以此为驱动，促使"更好""不同""低价"三个维度协同共进。

无论何时何地，消费者总是期望产品或服务能同时兼顾"更好、不同、低价"这三个维度。在此情形下，就格外需要凸显共情在指导这三个维度的取舍与优先级确定方面的关键作用，切不可平均分配精力。比如，企业可借助共情精准判断出用户最为关注的两个维度，然后针对第三个维度探寻折中的解决方案，抑或通过创新手段打破传统成本结构的束缚。EBDA模型已在新能源汽车、消费电子、新茶饮、新酒饮等诸多领域得到实践验证，其成功的核心要点就在于凭借深度共情寻找到三个维度间的最优平衡点，而非平均发力。

共情是底层操作系统

在 EBDA 模型中，共情不仅是模型的出发点，更是整个系统的底层操作系统，需要从数据驱动、组织文化、技术工具和流程优化等多个维度入手，构建一个系统化的实施框架。

以下是共情系统的实施框架和具体步骤：

（1）数据驱动的需求捕捉

通过 CRM 系统、社交媒体、用户社区、问卷调查等渠道，收集客户的行为数据和反馈。利用大数据和人工智能技术，建立客户画像，识别不同客户群体的需求差异。将分析结果实时反馈给产品研发、市场营销和客户服务团队。

（2）组织文化的共情导向

在企业内部建立以客户为中心的共情文化，将共情能力纳入绩效考核体系，奖励在客户服务和需求洞察方面表现突出的员工。企业领导者以身作则，将共情作为核心价值观，贯穿于决策和行动中。定期开展共情能力培训，采用战略战术树（S&T）沟通工具，提升员工的客户洞察力和服务意识，共同朝着目标奋进。

（3）技术工具的情感化设计

通过聊天机器人、虚拟助手等技术工具，与客户进行情感化交互。利用人工智能算法，为客户提供个性化的产品推荐和服务，提升客户体验。

（4）流程优化的动态调整

通过流程优化，确保企业能够根据客户反馈和市场变化，快速调整战略。采用敏捷开发方法，快速迭代产品，满足客户需求。建立跨部门协同机制，确保客户反馈能够快速传递并得到响应。根据客户需求的变化，动态调整"更好""不同""低价"三个维度的策略。

共情系统驱动三维协同

在EBDA模型中，共情系统就像一台计算机的操作系统一样，为"更好""不同""低价"三个维度提供基础支持和驱动力。

（1）共情驱动"更好"

共情是企业精准把握客户"更好"需求的关键，推动产品在功能、品质、安全等多维度持续升级。企业站在客户角度，能明确产品服务优化方向。

大疆精准洞察摄影、影视从业者及行业用户对便捷高性能航拍设备的需求（共情），持续升级飞行稳定、图像传输等技术（更好），设计出折叠便携、操作简单的无人机，与传统设备形成差异（不同），借助规模化生产和高效供应链降成本，以合理价格供应产品（低价），在全球无人机市场独占鳌头。

（2）共情驱动"不同"

基于共情洞察客户情感需求，为企业在产品设计、品牌形象、服务体验上开辟差异化路径，摆脱同质化竞争，建立独特情感纽带。

安踏精准洞察运动爱好者对专业装备与潮流设计的需求（共情），投入研发运用高科技材料，如在篮球鞋中采用氮科技提升性能（更好）；携手潮流设计师、热门IP打造独特设计，塑造国货形象（不同）；优化供应链降低成本，以亲民价提供丰富的产品（低价），在运动装备市场位居前列。

（3）共情驱动"低价"

企业通过共情把握客户价格敏感度，激发技术创新与模式优化动力，降低成本实现低价。这种策略兼顾性价比与市场竞争力。

幸运咖精准洞察下沉市场消费者对平价咖啡的需求（共情），采用合伙人制提升运营效率，降低成本（低价），以多数产品不超 10 元且选用优质咖啡豆的策略，打造高性价比产品（更好），通过聚焦下沉市场，与其他咖啡品牌形成差异（不同），在咖啡市场快速崛起。

小而美的共情，至关重要

著名心理学家弗朗斯·德瓦尔，同时也是《共情时代》的作者，他指出：共情是一种能够让"我"升华为"我们"的机制。从某种意义上来说，共情（利他）不仅仅是一种企业文化和价值观的体现，更是"更好、不同、低价"得以制定和实施的原点和驱动力，同时，它还是一种独具特色、能够与其他获客方式区分开来的**"获客"**机制。

（1）有 150 个客户，就有 150 种不同服务

"大小多少，报怨以德。图难于其易，为大于其细；天下难事，必作于易，天下大事，必作于细。是以圣人终不为大，故能成其大。"此句源自《道德经》第六十三章，深刻阐述了事物发展的辩证关系：大生于小，多起于少。处理困难要从容易的入手，实现远大要从细微的入手；天下的难事，必定从容易的做起；天下的大事，必定从细微的做起。所以有道的人始终不自以为大，因此能成就大的事情。

在岩仓正枝所著的《奢侈品应该这样卖：时刻提供 100% 顾客满意的高品质服务》一书中，提出了这样一个观点：**有 100 个客户，就有 100 种不同服务**。每个超级玩家及其特别行动小组成员都务必深刻领会这一

精髓——当面对150个超级客户时，便意味着存在150种不同的服务需求——并且要坚定决心为每一位超级客户提供独具特色、精致入微的服务。在与超级客户的互动中，你是优先考虑利他还是利己，是利他的成分多一些还是利己的成分多一些，超级客户往往只需捕捉你的一个眼神、一个表情或是一个动作，便能在瞬间做出准确判断。

正如萨希尔·拉文吉亚在《小而美：持续盈利的经营法则》一书中所言，最大限度地提高你成功率的方法之一，就是专注于较小的产品或服务，专注于超级会员的社区或社群，对于自己是否在有效地解决问题保持坦诚。小而美，不是因小而美，而是既小且美的体验。这里的"小"，可以精细到具体的每一个客户；而"美"，则体现在能够为每一个超级客户提供那种极致的、无可替代的、完全根据其个性化需求量身定制的服务，进而为他们打造一次令人难以忘怀的购物体验。

（2）互联网和AI时代，"一秒共情"力量巨大

未来，随着大数据和人工智能技术的发展，共情系统将更加智能化。企业可以通过数据分析更精准地捕捉客户需求的动态变化，实现"智能共情"，为企业提供持续竞争优势。

其实，不管企业规模和品牌影响力多么大，你和客户之间距离只有"一秒"，因为客户能接触到企业或品牌的地方往往都很小，小到一个产品，一张海报，一个货架，一个展厅，抑或一个员工而已。你能不能在这些"触点"上做到"小而美"，让客户一秒共情，至关重要。

为什么小米的一张海报要做那么久？雷军说，如果这张海报要通达几千万用户，那么这张海报就是战略的一部分。如果海报做得很差，那么一秒钟就可能会收获大量的差评，把所有的东西都卡住了。一秒钟，足以改

变客户的购买决定；一秒钟，足以让你的人设在客户心中崩塌；一秒钟，足以出现一个差评，影响一场直播，并产生"蝴蝶效应"，最终会影响到一个公司的整体业绩和市值。

互联网时代，**"一秒共情"**力量巨大，直播电商兴起便是有力回应。通过人格化电商，主播与粉丝建立情感连接，商品被赋予独特价值。正如《财富大变局》所言，未来财富的机会在于从流量经济到粉丝经济、从品牌人格化到电商人格化，理解运用此趋势至关重要。2023年12月5日，东方甄选董宇辉直播后，小编留言引发关于文案创作的争议，矛盾爆发并不断发酵，俞敏洪、孙东旭出面解释，董宇辉停播，多个词条上热搜，东方甄选粉丝量、销售额、股价快速下降，市值蒸发超30亿港元。同样，李佳琦直播间曾引发重大风波。直播推销产品时，面对网友对价格贵的反馈，他嘲讽称"这么多年了工资涨没涨，有没有认真工作"，引发网友强烈不满。该言论被指不尊重打工人。事件迅速发酵，"李佳琦怼网友"登上热搜。相关数据统计，事件发生后的24小时内，该话题的微博阅读量突破2亿次，讨论量超10万条。李佳琦虽随后道歉，但个人形象和直播间声誉受损严重，直播间人气下滑约30%，部分产品销量较以往同期下降约40%。这些案例凸显互联网时代主播与观众沟通需谨慎，不当言论易引发公众强烈反应，损害品牌和个人形象。

共情技能，甚至决定员工收入的51%

共情技能在不同场景下有着多样的呈现方式。在理论层面，它涵盖了心理学、社会学等诸多学科知识，像理解人际关系中的情绪互动原理，为实际运用提供依据；在感情上，能设身处地感受他人喜怒哀乐，如朋友倾诉时给予全身心的情感回应；而落实到实际的服务中，就更加直观，服务人员凭借共情，精准洞察客户需求，无论是酒店前台快速察觉客人旅途疲惫并贴心安排安静房间，还是餐厅服务员依据食客表情判断菜品满意度及时反馈厨房改进，都以贴心关怀提升客户体验，让共情转化为实实在在的优质服务。

弗里施法则表明，先让员工满意才能让客户满意，改善客户体验需从员工共情技能训练入手。本杰明·富兰克林说："如果你想要说服别人，要诉诸利益，而非诉诸理性。"在人际交往和沟通中，单纯地依靠逻辑推理和理论阐述往往难以达到说服他人的目的。相比之下，诉诸利益的说服方式更加贴近人性，更容易引起他人的共鸣和认同。利益是人类行为的重要驱动力，正确的激励机制有利于提高员工的共情能力。

因此，提升员工共情技能的有效途径之一便是制定科学的绩效考核制度。在该制度下，员工收入的51%由共情技能考核结果决定，剩余的49%则取决于其他工作及服务技能的表现。如此长期坚持，员工的共情技能不仅能够通过有针对性的训练得以提高，还能借助换位思考的自我教育实现提升。

以小酒馆为例，服务人员准备餐食、酒水和饮料属于基本服务技能，而当发现客户不满意时，能够积极主动地给出友好解决方案，如重新制作餐食或免除相关费用，这便是员工共情技能的具体体现。再看西贝莜面村，其所有员工都能做到笑脸相迎，顾客有需求时能迅速响应，热情服务且善于与顾客交流。餐厅的细节之处也尽显对顾客的关怀，比如空调出风口设有挡板，避免冷风直吹顾客；上菜前放置倒立的沙漏，承诺25分钟内上齐菜品；每道热菜下都有蜡烛加热，确保菜品始终温热。此外，西贝还郑重承诺"闭着眼睛点，道道都好吃"以及"不合口味，可退可换"。

与之相反，那些缺乏共情利他能力的企业，往往会遭受突如其来且令人意想不到的舆情暴力冲击。2024 年 6 月 17 日，上海的两家 Manner 咖啡店同时上演了令人震惊的一幕：两家门店的店员均与顾客发生了激烈争执。其中一家门店的男店员竟然动手扇了女顾客耳光，而另一家门店的女店员则直接将咖啡粉泼向了顾客。从表面上看，导致这些冲突的原因或许是 Manner 咖啡店的工作强度过大，让店员们不堪重负。但深入剖析，其根源实则在于企业对员工共情能力的培养与关注严重缺失，未能将工作的真正意义有效地传递给员工。

值得注意的是，企业若想让员工产生共情，不能仅仅寄希望于所谓的**"工作和生活的平衡"**（事实上，这在很多情况下不过是一个伪命题），而应当给予员工一定的自主调整空间。让员工能够减少从事那些自己内心痛恨的工作，更多地去做自己热爱的事情，从而在工作中切实感受到快乐和意义。研究表明，假如一个人在工作中有 20% 以上的时间是在做自己"喜欢"的事，那么他就不太容易陷入过度疲劳的状态。

虽然众多企业领导人已然认识到客户体验的重要性，然而受限于预算，或者仍在对超级客户体验的投资回报进行评估考量，多数企业并未组建专门的客户体验团队。即便有些企业已经设立了相关团队，其规模通常也比较小。

三、成为专业经营者

将欲夺之，必固与之。

——《老子·道经第三十六章》

对于超级玩家而言，最高目标是突破兴趣驱动的行为模式，实现向专业经营者的深度转型，以专业能力和创新思维引领行业变革。日本享有"企业再造之王"美誉的三枝匡，在其著作《公司改造》中，袒露了自己心中的目标——成为专业经营者。他说，即使天才级的经营者，如果只有一家公司的经验，也不能叫作专业经营者。因为他的经营方法，或许只在那家公司行得通；而专业的经营者，不论到什么公司，都能在短期内发现问题，运用通用的经营技巧，带领团队拿到结果。三枝匡的人生追求，无疑也是超级玩家的奋斗方向。因此，超级玩家不断探索、实践，致力于打造一套通用的经营增长模式（经营技巧）：借助 EBDA 模型创造超级客户，以 150 人超级客户群为支点，撬动小而美的增长。

专业经营者懂得**"欲有所得，必先付出"**。在企业外部，共情（利他）是连接企业与消费者的桥梁，他们关注与客户的情感共鸣，洞察需求，提供体验，赢得客户信任与忠诚。在企业内部，他们重视员工体验，为员工创造环境，提供机会，激发热情与创造力，员工将积极能量传递给客户，实现双赢。共情体验贯穿企业运营，是维系客户关系的纽带和业绩增长的核心动力。

1. 前 25% 生态位

高手的秘诀：在两到三个维度上，达到前 25% 的水平。

——蒂姆·费里斯

蒂姆·费里斯在《巨人的工具：亿万富翁、偶像和世界级表演者的战术、习惯和日常》书中访谈过一个写作高手叫斯科特·亚当斯，他又写博客又画漫画又写书，特别的高产，而且自成体系。亚当斯说他成为高手的秘诀之一是"在两到三个维度上，达到前 25% 的水平"，他说，如果你想在某个领域成为一个高手，你大概有两个选择。第一个选择是，你把自己的某个技能练到全世界最好。这个非常困难，极少人能做到。第二个选择是，你可以练习两到三项技能，再把每一项技能都练到世界前 25% 的水平，这就相对容易一些。而如果你能把这两项甚至三项技能结合起来去做一件事，就能取得了不起的成就。

显然，高手做事的"前 25% 法则"同样适用于企业经营。对于企业而言，只要你在"以客户为中心"这件事上，能够从"共情"原点（O）出发，在更好（x）、不同（y）和低价（z）三个维度上达到"前 25%"的行业水平，你就能带领企业超越同行，赢得持续性增长。当然，"前 25% 法则"也适用于个人发展，比如在孩子教育方面，你就可以让孩子在学习、演讲、绘画、音乐和体育等两到三个领域里达到全校（全市）前 25% 的水平，而不是只在学习上卷到前三名，一样可以成为未来之星。

每个公司在某个市场空间中都有一个相对具体的位置。当建立空间直角坐标系后，你的公司或产品在空间中的位置（如 M 点），可以用有序实数（x，y，z）表示。在超级玩家思维的坐标系中，你可以根据公司（或产品）在更好（x）、不同（y）、低价（z）三个维度上的参数（能力值）清晰地标注它所在的位置（M 点），从而看清自己的优劣势和竞争力。当然，你也可以通过三维坐标系建立科学的**"对标管理"**方法，看清自己和竞争对手的位置。对标管理可以适用于任何企业和个人。切记，对标管理的目的是增强你的优势，而不是改善劣势。只要优势足够强大，劣势反而不重要了，强大的优势足以压倒劣势，正所谓"一俊遮百丑"。人生苦短，弥补劣势远比提升优势的难度更大、时间更久。

不管是同位竞争（或同质竞争），还是错位竞争，"前25% 生态位"都是比较理想的状态。在市场竞争的三维空间里，只要你能够在更好（x）、不同（y）和低价（z）三个维度达到"前25%"的位置，即达到"更好（前25%）+ 不同（前25%）+ 低价（前25%）= 前25% 生态位（小而美的生态位）"状态，就能在市场空间中占据一个更加有利的生态位。"前25% 的生态位"能够让你拥有更好的生态位宽度（niche breadth）——一个公司可利用的各种不同资源的总和，其中最重要的资源就是客户数量和质量。企业的生态位越宽，可利用的资源越多，竞争力越强。但是，一定要掌握好拓展生态位宽度的速度，避免过快，使企业发展失去连续性、持续性，在竞争中失败。相对于小企业来说，优先选择一个小而美的区域，并以目标客户为中心建立一个"前25% 生态位"，不失为明智之举。正如德鲁克所说的"小企业的成功，依赖于它在一个小的生态位中的领先地位"。

相较以往，中国正逐步迈入一个物质极为丰裕的时代。在这样的时代背景下，**情绪价值**（Emotional Value）正在成为一个影响消费者决策的重要因素。**共情力**（Empathy）——对内与员工共情，对外与客户共情——正在成为一种新的竞争维度，尤其是与年轻人共情有望成为新的增长点。未来，共情力可能会成为一种超级竞争力，不仅能赋能其他的营销和创新工作，还将为公司带来显著的优势。如果你把公司的"共情力"也提升到了"前25%"水平，那么，你所拥有的"共情力"不仅可以赋能其他三个竞争维度，还能在极大程度上突破时空的限制，跨越不同的增长周期，实现可持续性增长。

2. 追求持续性增长

小而美的目标是更好、更久，而不是更多、更快。

——超级玩家

在当今激烈的市场博弈中，**竞争排斥原理**（competitive exclusion principle）绝非一个空洞的理论。从生物学跨界到商业领域，这一原理揭示出深刻的市场生存法则：在同一市场生态环境里，两个品牌之间的"生态位"越是趋近，其中一个品牌必然排斥另一个品牌，相互间的市场抢夺之战就越发激烈。如果两个品牌实现了共存，那么它们之间必然存在差异，或者分布在不同的区域、不同的细分市场。即便是两个品牌之间有重叠的区域，竞争排斥原理也会像一只无形的手，逐渐推动品牌重新校准航向，优化定位，实现差异化突围。毕竟，市场从不怜悯同质化的追随者，唯有顺应竞争排斥规律，持续创新求变，品牌才能在商业丛林中站稳脚跟，闯出一片属于自己的天地。就像碳酸饮料中的可口可乐与百事可乐、酱香白酒中的茅台酒与郎酒、饮用水中的农夫山泉与娃哈哈，这些品牌都在各自的领域中，执着地追求着"更好之中蕴含不同"的生态位，以顽强的生命力和不懈的创新精神，在市场的浪潮中努力地、精彩地生存和发展着。

公司与公司之间的较量绝非那种简单、片面的短兵相接，而实则是一场全方位、深层次的生态位竞争。然而，提及生态位的竞争，还不足以全面、准确地表达出商业竞争在时间维度上的深刻内涵。因此，我们必须引入一个至关重要的元素——时间轴（timeline）。在三维空间维度基础上外加一个时间维度，这个世界就变成了一个四维的"容器"，囊括了无限多的物质对象，包括公司。在物理学领域，四维世界通常被称为时空（space-time），这是爱因斯坦"相对论"的一个基本概念。相对论的核心观点是，时间和空间并非绝对和独立的，它们是相互联系、相互影响的有机整体。一个事件（M 点）在四维时空里的位置需要用 (x, y, z, t) 来表示，其中 t 代表时间。

因此，你不仅会放眼未来，而且懂得站在"未来"的时间框架里思考，以终为始。竞争是一场永远的游戏，只有开始没有结束。在这个四维空间里，公司之间的竞争呈现出一种全新的面貌——**相对的竞争**。这种竞争不再是静态的、一成不变的，而是会随着时间的推移而发生动态的变化。就如同四季的更替，公司所处的竞争环境也在不断演变。与此同时，构成空间的三个维度（x、y、z 轴）也会随之而发生相应的改变。于是，公司的生态位也将经历一次重要的转变，从原本的瞬时生态位逐渐演变为连续生态位。瞬时生态位就像是一幅静止的画面，只能反映公司在某一个特定时刻的竞争状态；而连续生态位则如同一部精彩的电影，能够全面、动态地展现公司在不同时间节点上的发展轨迹和竞争态势。在时间的舞台上，竞争是一出没有固定剧本的戏剧。市场竞争与其说是公司之间的竞争，不如说是人类与时间之间的赛跑，看谁活得长，剩者为王。

面对如此复杂多变的商业竞争环境，你别无选择。你必须在这个四维时空里，精心构建一个相对稳定的、连续的生态位。这就如同在波涛汹涌的大海中建造一座坚固的灯塔，为公司的发展指明方向。而要实现这一目标，就需要你具备"更好的知识"和"更好的判断"。"更好的知识"意味着你要对市场动态、行业趋势、竞争对手等方面有深入的了解和准确的把握；"更好的判断"则要求你能够在纷繁复杂的信息中，迅速、准确地做出决策，顺应竞争排斥原理。

"明者因时而变，知者随事而制。"这是一句出自桓宽《盐铁论·击之》的名句，意思是明智的人会根据时代变迁来调整应对策略，智慧的人会随着世事变化来制定治理规则。这句话强调守正创新、与时俱进，反对因循守旧、故步自封。正如《周易》所言："穷则变，变则通，通则久"，表明事物发展需要变革，变革使事物更通达，通达则能长久。世界著名作家斯宾塞·约翰逊曾经说过"世界上唯一不变的是变化本身"。

站在现在看未来，叫规划；站在未来看现在，叫境界。很多时候，问题本身并非真正的问题所在，关键在于此刻的你如何看待它。当你被眼前的困境束缚，便容易将其视作难以逾越的障碍；可若你站在未来回溯现在，就会发现，今天那些让你忧心忡忡的难题，不过是成长路上的小小波澜。既然如此，又何必让自己深陷焦虑的泥沼，徒增烦恼呢？以未来的豁达心态，化解当下的局促不安，你会发现，生活处处皆有豁然开朗的可能。

3. 遵守白金法则

毕竟，超级客户绝非一般客户，他们既关注物质利益，又重视情感价值，是不会被轻易忽悠的。因此，超级玩家必须具备利他思维才能与之共情，持续赢得他们的信任。

利他实则是利己的最高境界，而利己先利他则代表着最高级的共情思维。"己所不欲，勿施于人"，出自《论语·颜渊》，是中华民族千百年来所遵循的为人处世之道，其实质是推己及人，设身处地为他人着想。美国著名心理学家埃利斯也曾提出一条"黄金法则"：像你希望别人如何对待你那样去对待别人。换句话说，你希望别人怎样对待你，你就怎样对待别人。四季集团创始人伊萨多·夏普先生曾说："四季酒店集团的文化基于一条简单的基本法则，即'待人如己'的黄金法则。"但是，《绝佳体验》的作者布鲁斯·莱夫勒（Bruce Loeffler）和布赖恩·T. 丘奇（Brian T.Church）却认为，黄金法则是被人们误解了，其真正的意思是"发现别人喜欢和想要的东西，然后以相应的方式对待他们"，于是他们俩就把黄金法则称为"**白金法则**"，在秉承黄金法则的核心理念的同时，强调其本质是"要以他人最想被对待的方式对待他们，而不是以你想被对待的方式，因为你的好恶也许和他们的差别极大"。

故而，我们把"利己先利他"思维确立为超级玩家的白金法则。人类得以生存，缘于"利他主义"行为推动了情感的融合，协调了互惠与善良的关系，进而有益于群体的幸福与存续。丹尼尔·巴特森的"共情利他主义假设"指出，共情情绪会引发出利他主义动机，利他主义能让所有人受益，而自私自利则会让人陷入孤立。弗朗斯·德瓦尔在《共情时代》一书中，将共情机制划分为三个层面：情绪感知与模仿、关心表达与抚慰、设身处地助人。其中，带着明确目标设身处地去帮助他人，这就是"利己先利他"原则。

利己先利他，同样是符合市场竞争的游戏规则——为他人创造价值的竞争。市场经济的特点是**"好坏由别人说了算，不由自己说了算"**。每个人只有为他人创造价值，才能实现自己的价值；为他人创造的价值越大，个人获取的价值也越大。比如在市场上，企业要获得利润，就必须提供消费者满意的产品或服务；企业要想找到优秀的员工，就要支付不错的薪酬待遇；个人要想过上好日子，就得努力工作，如此等等。然而，此时此刻，铺天盖地的信息都在争先恐后地试图说服你去购买更多、更大、更好的东西，总有人想着不劳而获，总想获得的比付出的多，却很少有人真正在乎你的情绪。

红顶商人胡雪岩说，"上半夜想想自己，下半夜想想别人"。史蒂芬·柯维在《高效能人士的七个习惯》书中写道："当你对他人表现出共情时，他们的防范意识会下降，积极的能量会取而代之。这意味着你可以用更有创造性的方法来解决问题。""用别人的眼睛看，用别人的耳朵听，用别人的心灵去感受。"真正的善和美，是人间不动声色的温暖和力量，是人生点点滴滴的赠予和付出。

4. 超级玩家的人生秘诀

人的本能是追求快乐。

——弗洛伊德

步入 AI 时代，技术的革新让效率呈几何倍数增长，少数人凭借先进的 AI 辅助生产体系，就能满足多数人的生活物质需求。在物质充裕的基础上，人们得以从繁重的基础劳作中解脱，追求快乐的天性不再被压抑，将得到淋漓尽致的释放。由此，那些能够洞察人心、创造愉悦体验、为他人带来快乐的能力，也顺势成为这个时代全新且极具价值的竞争力。

然而，无论人工智能（AI）和机器人技术发展到怎样的高度，都无法替代人与人之间的情感交流以及快乐传递。正如弗洛伊德所言，终有一日，"让人快乐"会成为一切工作的出发点。无论是面对客户还是员工，你能让更多的人快乐，你所取得的成功便会越大，超级玩家务必深谙此道。

不少企业常常将"客户至上""顾客就是上帝""以客户为中心"之类的话语挂在嘴边，也确实曾煞费苦心地做出诸多努力，可客户满意度却不尽如人意。究其根源，在于这些企业忽略了**"先让员工快乐，才能让客户快乐"**这一基本法则。

向快乐转型，是超级玩家的第一责任

在这个商品泛滥、同质化竞争激烈的时代，如果说卖不出去商品，难道不是卖货的人和卖货的方法有问题吗？

假设一个不快乐的员工正在用一种令人厌烦的推销方式卖货，尽管你的产品出类拔萃，也很难赢得客户的青睐。凡事反过来想一想，假设一个快乐的员工正在用一种让人快乐的方式卖货，恰好产品也同样出类拔萃，是不是可以卖得更多，价格也能卖得更高一点。

"让人快乐"正在成为企业管理的核心工作之一。企业经营的问题不在外部，而在内部，内部经营的核心是"人心"的凝聚，而凝聚人心最好的办法莫过于"让人快乐"。员工越快乐，忠诚度越高；客户越快乐，贡

献度越高；大众越快乐，美誉度越高。因此，向快乐转型，正在成为企业超越同质化竞争困境的一个新选择。

当今全球经济和政治形势非常严峻，人们的工作和生活面临诸多挑战，在这种情况下，企业经营的难度不断增大，经营者和员工的内心都很苦也很累。他们是否快乐，将直接影响到企业的氛围和业绩。于是，有着更高追求的企业家和领导人（超级玩家）开始觉醒，他们不再满足于追求财富、健康或才智的管理，而是更加在乎心灵的管理。他们正在努力"向快乐转型"，以"让人快乐"的利他之心经营人生和事业，以让更多人快乐作为成功的标准，依靠给予他人的快乐，获得更深刻、更长久的快乐，从而让自己度过快乐的一生。

从"利己"迈向"利他"的意识觉醒，互帮互助、相互取悦、助人为乐乃是人类最为基本的相处之道。对于超级玩家而言，第一责任便是向内引领超级员工，向外取悦超级客户，推动企业向快乐转型。在任何时间、任何地点、面对任何事情，都需充分发挥智慧，努力使更多员工能够以更为高效的方式，在更短的时间内创造出更大的价值；同时，让更多客户愿意以更高的价格，在更长的时段内购买更多的产品。

人生在世，离不开四个关键方面的管理——财富管理、健康管理、才智管理以及心灵管理。在这四者之中，前三者往往更多地体现出"利己之心"，而心灵管理则需始终秉持"利他之心"。就如稻盛和夫所说，人的心灵在很大程度上决定了人生的走向，决定了人一生的最终结局是充满快乐还是饱尝痛苦。倘若这个人是企业的经营者，那么其心理状态还会直接影响企业的经营成绩。一个充满快乐的企业文化，不仅能够显著提升员工的幸福感，还能凭借积极的氛围吸引更多的客户，从而在企业内部与外部之间形成一种良性的循环。

你能让多少人快乐，你就会有多成功

丘吉尔曾说过："我们靠我们得到的东西生存，我们靠我们给予的东西生活。"人生快乐的秘密是给予，给予的快乐远比得到的更长久。因此，超级玩家的人生秘诀："你能让多少人快乐，你的人生就会有多成功。"稻盛和夫曾在《活法》一书中说："以利他心度人生，能增强人的成就感和幸福感，最终回报会回到自己身上，对自己同样有利。"这种理念不仅适用于个人成长，更适用于企业发展。

德鲁克认为，企业的本质和目标不在于它的经济业绩，也不在于形式上的准则，而是在于人和人之间的关系，包括客户关系、团队关系和外部大众关系。企业经营的目的是经营客户关系，为客户提供产品、服务和体验，而不是利润的最大化。

在人际关系中，相互取悦、互惠互利是自然的心理规律。"让人快乐"既能作为做人做事的基本原则、工作和生活的出发点，也能成为企业经营的目标和宗旨。这一工作原则有助于个人和企业构建紧密、稳定、和谐的人际关系，是超越竞争的核心优势之一。

良好的合作关系对人类至关重要，其所带来的快乐无可比拟。快乐是一种对自身生存现状感到满足的心理状态。善于共情的超级玩家，不仅能让自己更快乐，还能让他人生活得快乐、幸福。经营企业实则是在经营人心。人心是相互的，"爱人者，人恒爱之"。若人与人之间缺乏共情，即便生活水平提高，快乐程度可能也不会改变。让人快乐、向快乐转型，既是企业经营目标，又能转化为生产力，进而形成强大的企业文化。

总之，人是万事之本。无论是客户、领导、员工，还是社会大众，皆为人。鉴于企业经营无法脱离人的因素，那么"让人快乐"这一原则，以及与之相关的事物、工具，乃至人本身，都能够创造出良好的经济价值与情绪价值。而当下，**"情绪价值"**正逐渐成为企业突破同质化竞争的全新方向。就像近两年火爆全网的多巴胺营销。这种营销方式借助多巴胺色或者其他手段，巧妙地为产品注入让人快乐的情绪价值，进而为产品开辟出更多获得溢价的空间与可能性。如此一来，企业便能摆脱以往卷产品、卷促销、卷价格的营销困境，实现差异化突围。

第四章
超级道场

环境决定着人们的语言、宗教、修养、习惯、意识形态和行为性质。

——罗伯特·欧文

环境如同磁场，磁就是一种吸引大众聚在一起的力量；场，是指场所、道场、依托处。万事万物皆有磁场，你的磁场，决定着你的命运。环境可以决定人生，这是事实。俗话说"环境改变人"，人之行为，多受环境熏陶，如熏香入味，难以割舍。人如种子，环境则是土壤，不同的土壤孕育出不同的人生风景。环境是塑造人类的重要因素，它深刻地影响着人们的思想、行为和情感。

人也可以创造环境，改变命运，这是真理。人、货、场都是环境的组成部分，三者之间又相互作用、相互影响，并在一个企业内部形成一个小宇宙。经营企业的"人"可以通过内心的想法和创造力来改造"人""货""场"的磁场，通过叠加效应形成强大的磁场合力。也就是说，企业领导人既可以通过修炼自己让个人磁场充满魅力，又可以通过创造环境让企业磁场充满威力，还可以将领导人的个人磁场与企业磁场充分地融合成一个超级磁场，吸引并留住磁场相合的顶尖人才和超级客户，最终形成双向奔赴且彼此成就的关系。朗达·拜恩在《秘密》这本书中写道："一个人身边的一切，都是由他内心的想法和特质吸引而来。"他认为，宇宙中存在一个"吸引力法则"，只要你相信什么，就会吸引来什么；只要让自己努力变得更好，就能吸引到更为优秀的人和事。

在商业运营的生态体系里，"人⇌货⇌场"并非孤立存在，当它们各自的磁场相互交织、彼此渗透，层层叠加，最终在工厂或企业内部汇聚成一个能量巨大的超级磁场。本文将这一极具影响力的聚合体定义为"超级道场"，它是企业资源整合与价值创造的核心枢纽，蕴藏着无限的商业潜力与发展机遇。

超级道场具有强大的能量，能够催生显著的主场优势效应（Home Advantage Effect, HAE）。这个超级道场就像一个极具吸引力的商业引力场，对内，它能激发员工内心深处对自身工作的认同感以及对产品的由衷自豪感。员工在这种积极氛围的感染下，会以更高的热情和专注度投入工作，使得产品在精雕细琢中不断迈向卓越。对外，它能向客户传递出强烈的可靠信号，在客户心中构筑起深厚的信任感。这种信任是客户选择的关键，也是破解客户需求"不可能三角"的核心要素。"超级道场"凭借其强大的资源整合能力和独特的运营模式，为平衡这三者提供了可能。

以山姆超市、盒马鲜生和胖东来超市为例：山姆超市通过严格的选品标准和高效的供应链管理，确保每一件商品都达到高品质，赢得了客户的信任和口碑，客户留存率高达90%，会员续订率超过80%；盒马鲜生通过"线上线下一体化"的创新模式，打造了独特的购物体验，吸引了大量年轻消费者，用户复购率超过50%；胖东来超市通过极致的客户服务、员工关怀和激励机制，打造了一个充满情感连接的超级道场，客户忠诚度、员工满意度和流失率远超行业平均水平。它们正是通过精心打造超级道场，巧妙布局人、货、场，实现了三者的高效协同，成功使产品和服务在"既要更好，又要不同，还要低价"的"不可能三角"中达成三方最佳平衡，进而构建起极具竞争力的商业生态。

超级道场是EBDA模型在商业实践中的具体应用，它通过共情、更好、不同、低价四个维度的协同，打造了一个充满能量的磁场，将"不可能三角"放入空间维度，则能催化出破解它的全新思路。无论是山姆超市的品质与效率，盒马鲜生的创新与体验，还是胖东来超市的情感与服务，都验证了超级道场的强大能量。

企业若能掌握依托超级道场破解"不可能三角"的新思路，就能顺势而为，收获约150个超级客户组成的优质客群，精心培育出小而美的增长极。这些增长极不断汇聚，终将强力助推企业实现飞跃式的"超级增长"。借助超级道场实现思维升级，是"超级玩家"的又一次突破，更是在激烈商战中脱颖而出的必备技能。

一、主场优势效应

我的地盘，我做主。（My game, my turf, my rules）

——摘自电影《国王的演讲》

曾几何时，你在主场（本地市场）战胜过无数对手，又在客场（外地市场）屡遭挫败。时至今日，你终于明白，尽管征服客场令人向往，但赢得胜利却需要强大的实力和能力，甚至需要付出巨大的代价。如果你已经开始在外地市场遭受节节败退，甚至在本地市场陷入四面楚歌，就更能明白**根据地市场**的战略意义。唯有根据地市场才是根本，才是安身立命之所。此时此刻，无论如何，你都不应该再丧失根据地市场的主场优势。对于有些公司来说，一旦丧失了主场优势，有可能就会遭受灭顶之灾。

其实，再小的公司，都值得拥有自己的主场。主场不仅是物理空间和生存之本，更是精神领地。通过精心打造主场，公司能在激烈的市场竞争中站稳脚跟，逐步扩大影响力，最终实现质的飞跃。

1. 小而美的道场

白日不到处，青春恰自来；苔花如米小，也学牡丹开。

——清代诗人 袁枚

我的主场，我做主。所谓主场，宛如一个汇聚了多元能量的超级磁场／道场，它是由人、环境、氛围等多种磁场相互交织、层层叠加而成。无论是在体育界，还是在商界，主场优势效应（HAE）都同样存在。主场优势效应，跨越不同领域，以其独特的影响力，成为各方角逐中不容忽视的关键力量。

在体育界，所谓的"主场优势"，是指运动队在主场比赛时取胜的概率要高于在客场比赛的取胜率。罗伯特·希奥迪尼在《细节：如何轻松影响他人》这本书中指出，在体育比赛中，对主场一方来说，广大球迷的尖叫、熟悉的训练场，以及裁判的主场倾斜等都有助于提高主场方取胜的概率。几乎所有的体育专家也都承认主场优势的存在，它覆盖了所有的体育项目，从日本棒球到巴西足球再到美国 NBA，坐镇主场的球队总是更容易取胜。在整个 NBA 联盟历史上，98.6% 的球队主场战绩优于客场。在冰球和足球项目中，超过 90% 的球队主场战绩更佳。即便是在主队胜率最低的两个联盟 NFL 和 MLB，也有 75% 的球队在主场胜绩更多。

商界亦是如此。在商界，所谓的主场，常常是指公司的工厂或总部，也是指根据地市场。一旦让我们回到了自己主场，哪怕它只有一个足球场这么大，我们仍然可以把它打造成一个小而美的超级道场，尽可能地发挥主场优势，获得更大的赢面。超级道场不仅是一个品牌从诞生开始就与之紧密联系的地方，还是一个迷人而又神秘的圣地。即便是规模微小的公司，也能够把自身铸就成一面可靠的盾牌，在主场优势的加持下，有力抗衡强大的对手。以日本寿司之神小野二郎为例，他的寿司店"数寄屋桥次郎"不过是一家仅有十个座位的小店，空间狭小，甚至比不上一个足球场的零头（20~30 平方米）。但小野二郎却将这里打造成了寿司界的"超级道场"。他凭借对寿司制作几十年如一日的专注与极致追求，选用顶级新鲜食材，每一个制作环节都精益求精，从米饭的蒸煮到鱼片的切割，都蕴含着独特的匠心。在这个小小的空间里，他和徒弟们以精湛技艺与热忱服务，为食客们带来无与伦比的用餐体验。虽然店铺规模极小，却吸引着全球美食爱好者慕名而来，成为寿司行业的传奇，让这个小小的"主场"释放出巨大的能量，在竞争激烈的餐饮市场中赢得了至高无上的地位与口碑。

在过去的增量时代，市场需求旺盛，发展空间广阔，企业获取客户的方式相对直接，大家都秉持着**"走出去"**的策略，主动出击开拓客户，凭借不断扩大的市场版图，实现业务的快速增长。而如今，市场格局发生了巨大转变，步入存量时代，市场竞争越发激烈，行业内人才辈出，遍地都是行家里手。在这样的环境下，普通的销售方式已难以突破客户的心理防线，客户变得更加理性和谨慎，对产品和服务的要求也日益严苛，普通的销售员想要搞定客户，难度系数大幅提升。在这种形势下，企业不得不转变思路，把客户**"请进来"**，充分借助主场优势，才有可能撬动生意。于是，回厂游、溯源之旅、工业旅游、观光工厂、酒旅和茶旅融合等一系列别出心裁的营销手段纷纷登场，企业通过这些方式，为客户打造独特的体验场景，吸引客户走进企业，感受企业的魅力，进而在激烈的市场竞争中，开辟出一条全新的营销之路。

简而言之，于企业而言，无论规模体量如何，一个小而美的超级道场都蕴含着举足轻重的战略价值。诚如清代诗人袁枚在《苔》中所写："白日不到处，青春恰自来；苔花如米小，也学牡丹开。"即便条件有限，小而美的道场也能凭借自身独特魅力，绽放光彩。这个超级道场，精心构筑起一个沉浸式体验空间，客户置身其中，能全方位、深层次地感受企业的产品与服务，在亲身体验中加深对企业的认知与理解。它更是企业文化与精神的生动承载，通过每一处细节、每一次互动，将企业的价值观、使命感传递给客户，引发情感共鸣。作为连接企业与客户的关键纽带，超级道场搭建起双向沟通的桥梁，增进双方的信任与合作，让客户从单纯的购买者转变为品牌的忠实拥趸。同时，它还为企业在竞争中构筑起一道坚实壁垒，以别具一格的运营模式和独特体验，为竞争对手制造了更大的压力，助力企业在激烈的市场角逐中脱颖而出，开拓出属于自己的新天地。

2. 超级道场的威力

环境，如同磁场，吸引或排斥，影响着人们的选择与方向。

——超级玩家

对于一支球队来说，主场环境蕴藏着一种巨大的威力，能够给予他们心理上的安定和自信，就像大地给予树木根基一般。当比赛的战鼓敲响，他们在熟悉的主场和球迷震耳欲聋的呐喊声中，如虎添翼，能够以更积极的姿态去拼搏，去冲破对手的防线。

马尔科姆·格拉德威尔在《引爆点》一书中提出了引爆流行的三项法则：个别人物法则（The Law of the Few)、附着力因素法则（Stickiness Factor）和环境威力法则（Power of Context）。其中，**环境威力法则**是指人们的行为和决策受到周围环境的影响非常大，环境因素在塑造人的行为和决策方面起着决定性的作用。人们对自己周围环境的敏感程度往往比他们所表现出来的更为强烈。但是，我们却总是倾向于从个人的性情和能力寻找答案，常常忽略了环境因素的巨大威力。要知道，仅凭个人的主观拼搏，或许不足以在商业竞争中收获最大的收益。因此，你务必要保持清醒的认知，巧妙借助超级道场的强大影响力，精心营造一个优质的工作氛围与商业环境。这不仅是一种充满智慧的策略选择，更将对企业的长远发展产生意义深远的影响。

人们常说，你认知的边界决定了你的世界，你永远赚不到自己认知以外的钱。在人们的常识里，工厂是什么地方，工厂就是一个生产加工厂，甚至连很多优秀的企业领导人也是这么想的。因此，我们把单一的生产加工厂改造升级成一个集生产、仓储、商业、文化、娱乐、餐饮、住宿和培训等多业态多功能于一体的超级道场，其目的就是改变人们对工厂的固有认知，赋予它更多的功能和价值，使之成为一个最大的广告、一个最大的卖场。从而帮助你提高工厂资源的效率价值，开辟一个小而美的增长新空间，缔造一个差异化的竞争新法则。

除了线下环境之外，超级道场的线上环境同样遵循环境威力法则。在数字化时代，线上环境的重要性不言而喻，它能够跨越时空界限，为品牌塑造出一个全新的形象，并且在用户心中留下深刻的印记。比如，电商平台的网页设计和界面布局，以及社交媒体平台的口碑管理（点赞、转发、收藏与评价）。通过精心策划的线上营销活动和用户互动，可以营造出一种积极向上的氛围，从而吸引更多的消费者和潜在客户。通过优化线上环境，我们能够更好地传播企业的文化，提升品牌价值，以及增强用户对品牌的忠诚度。

通过线上线下环境的协同作用，超级道场不仅提升了企业的品牌形象，更在无形中增强了市场竞争力，实现了经济效益和社会效益的双赢。

超级道场如同魔术一般，能够激发人们的无限想象力。一方面，一个干净、整洁、充满工匠精神和社会责任感的超级道场，能够让员工充满能量和自豪感；另一方面，超级道场可以在潜移默化中提高客户的认同和信任感，赢得交易和传播。

世界上最难的两件事：一是把自己的思想装到别人脑袋，二是把别人的金钱放到自己口袋。前者的成功是品牌（占领心智），后者的成功是销售（达成交易），两者都成功则是"**品销合一**"。企业可以借助超级道场的创新与营销价值，把"世界上最难的两件事"一并做成，既能看到品牌的声量，又能看到效果的销量，实现品牌和销售一体化增长。

品销合一，是超级道场所蕴藏的巨大威力。一直以来，品牌推广和销售转化都是营销的两条主线，平行推进，互相助益。当商业进入数字化和体验经济的时代，"品效销一体"和"品效销协同"正在成为企业界一致选择和追求。现如今，企业家们力求让每一分钱的投入都能够得到应有的回报。如何帮助企业实现"品销合一"，正在成为一个新命题。

你我皆凡人，生在人世间。无论互联网发展多么快速，公司领导、员工和客户都离不开**"土地秩序"**，脱离不了环境影响的威力。尽管数字媒体正在企图建立一个全新的"数字秩序"，但是真正意义上的思想，诸如精神、行动、思想、真相或者秘密之类的概念仍然归属于土地秩序。即便是已经通过数字秩序赢得巨大收益的互联网品牌，如果不能在土地秩序上建立超级道场，就会像某些淘宝品牌或抖音品牌一样，只能是风行一时的快品牌而已，很难获得持续性增长。

3. 不可能三角空间

万事皆有可能，"不可能"的意思是，"不，可能。"

——奥黛丽·赫本

"不可能三角"（Impossible trinity）理论起源于蒙代尔–弗莱明模型（Mundell–Fleming Model）中的 **"三元悖论"**（The Impossible Trinity），是指经济社会和财政金融政策目标选择面临诸多困境，难以同时获得三个方面的目标。在金融政策方面，资本自由流动、固定汇率和货币政策独立性三者也不可能兼得。也就是说，一个国家只能拥有其中两项，而不能同时拥有三项。之后，"不可能三角"理论被广泛引用到其他领域后，其定义也根据具体情境有所变化。

对于一家公司来说，最现实的问题是如何尽力破解客户需求的"不可能三角"，即平衡高品质、独特性和经济性。若无法破解，很可能在一个或两个维度陷入无休止内卷。从现实情况来看，当下只要是存在发展可能性的领域，不是已经沦为竞争激烈的红海，就是正快速朝着红海的方向演变。在这样的市场环境下，公司面临着巨大的挑战。而要想在激烈的竞争中突围，只有全力以赴，尽最大可能地做到"既要更好，又要不同，还要低价"，在与客户深度共情中破解"不可能三角"。一旦成功破解，公司便有可能找到通往成功的钥匙，这也是避开竞争内卷旋涡的最佳途径。

正如爱因斯坦所说："你无法在制造问题的同一思维层次上解决这个问题。"也就是说，要解决问题，需要思维上的升级，否则问题很难得到解决。在单一维度上，比的是长度；在两个维度上，比的是面积；在三个维度上，比的是空间和体积。由点、线、面到体，让每个空间里都装着一个思维模型。借助 EBDA 模型，有助于我们突破传统平面视角的局限，将"不可能三角"置于更具立体感的空间维度中进行考量。

　　在商业版图中，就如同遵循**土地法则**一般，每一个参与者都必然在这片"土地"之上占据着一个相对明确的空间位置。如图 4-1 所示，在三维空间里审视和重构问题，能够让你在时空的变化中找到新的平衡点。不妨以空间坐标中的 M 点（x, y, z）来具象化这一位置，它便是你的生态位。这个生态位绝非无足轻重，无论你是立足于区域的微观范围，还是将视野拓宽至全国，乃至放眼全球，它都承载着不可忽视的战略意义。你的生态位决定当下的竞争状态，也预示着未来的发展方向。它是你在市场中立足的根本，是连接过去、现在与未来的关键节点。

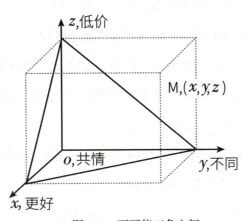

图 4-1　不可能三角空间

　　在本地市场拓展中，超级道场是关键支点，战略价值极高。在物理空间里，"三角空间"因稳定性强而闻名。在商业领域中，借助 EBDA 模型将超级道场中"不可能三角"升维成"不可能三角空间"，就会形成一个蕴含巨大能量的超级支点。超级玩家可以通过超级道场这一独特发力点，撬动"超级客户群体"。这些超级客户消费意愿强、能力高，在社交和消费领域影响力大，能为企业持续增长提供动力。

在这个超级支点的有力支撑下，超级玩家得以深度洞察并满足消费者日益多元的需求，无论是追求高品质的产品体验，还是渴望独特的个性化服务，抑或是对高性价比的执着追求，都能得到妥善回应。同时，企业可以借此构建起独树一帜的竞争优势，在激烈的市场角逐中脱颖而出。更为重要的是，这一模式还能在**土地秩序**（传统线下商业逻辑）与**数字秩序**（新兴线上商业逻辑）之间，搭建起一座稳固而坚实的桥梁，实现线上线下资源的有机整合与协同发展。

然而，通过 EBDA 模型打造超级道场后，新挑战随之而来——实现盈利。若借助超级道场仍无法盈利，其建设与运营非但不能推动公司发展，反而会成为沉重负担。长期如此，公司人力、物力、财力等资源将被持续消耗，根基也会被逐渐侵蚀，陷入发展困境。在现实中，这类案例并不少见。例如，全国不少农文旅项目、田园综合体、文旅小镇以及酒旅茶旅融合项目，因忽视盈利核心，盲目追求短期效益，未从长远考虑项目盈利能力与可持续性，最终发展艰难。

因此，超级玩家们在运用 EBDA 模型与超级道场策略之际，务必要高度重视长期战略规划的精心制定与有效实施。每一项决策、每一个举措，都应当稳健可靠、切实可行，全面且深入地考量其对公司盈利能力的提升以及长期发展走向所产生的影响。

二、最大的广告

> 工厂如道场，工作即修行，一切皆是心战。
>
> ——超级玩家

超级道场，是一个最大的广告。

它能够赋予工厂两个方面的价值：一是赋予员工以信任和使命感，二是创造客户的信任和口碑。尽管这是一件自然而然的事情，但只有极少的企业能够真正做到。

1. 先让员工满意

> 先让员工满意，才能让客户满意。
>
> ——弗里施法则

在经典名著《西游记》里，唐僧每次向他人介绍自己时，都是说："贫僧唐三藏，从东土大唐而来，去往西天拜佛取经。"从表面上看，这只是一段简单的自我介绍，然而细细品味，却大有深意。这番话虽直白地表明了他穷和尚的身份，却也隐晦地传达出自己背后有着强大的后台支撑，且身负着神圣而艰巨的使命。为什么唐僧在介绍自己时总是强调"从东土大唐而来"呢？这背后蕴含着极为深刻的含义。在《西游记》的宏大叙事里，大唐，绝非仅仅是一个简单的地理概念，它更是文化、政治与精神的象征。作为当时的世界强国，大唐以其灿烂辉煌的文化、强大昌盛的国力吸引着万国来朝，其威望和影响力辐射四方。对于唐僧而言，大唐就是他坚实的后盾，是他内心深处自豪感的无尽源泉。

在《西游记》的奇幻世界中，一个残酷的现实是，没有靠山的妖怪往往难以摆脱被打死的命运。这从侧面反映出强大背景的重要性。唐僧一路上历经无数艰难险阻，能够一次次化险为夷，除了自身坚定的信念和徒弟们的保驾护航，大唐的威名无疑也在无形中发挥了重要作用。从这个角度来看，盛世大唐对于唐僧而言，恰似他的超级道场。这个超级道场赋予了他特殊的身份和使命，也为他的西行之路提供了强大的精神支撑和潜在的助力，让他在面对重重困难时，始终坚定地朝着西天的方向前行。

若把大唐比作企业，把唐僧比作企业的经理人，你是否能够像唐僧一样自豪地回答人生三问：我是谁？从哪里来？要到哪里去？尤其是当你回答"从哪里来"的时候，你是否为企业感到自豪？你是否能够感受到某种使命感？以及你是否信赖公司？如果不是，那么你"要到哪里去"就没有意义，既找不到志同道合的同事，又得不到与你共情的客户。这样的企业就像无源之水、无本之木，注定做不大，也活不长。

如何让超级道场在员工心中成为最具感召力的存在，化作时刻赋予他们使命感的强大精神指引？其中行之有效的方法，便是从唐僧师徒的创业历程中汲取智慧。唐僧师徒四人西天取经，路途遥远且艰难险阻重重，却凭借着坚定的信念和明确的目标一路前行。他们的故事给予我们深刻启示：

企业应致力于打造一个如同盛世大唐般极具影响力与凝聚力的超级道场。在这个道场中，着力培养出像唐僧那样的超级玩家，他们肩负着实现小而美增长的首要责任，是推动企业发展的关键力量。赋予这些关键角色极具价值与意义的工作内涵，让他们从心底油然而生对工作的认同感与自豪感。当员工满怀自信、自豪与使命感时，无论身处何方，面对何种任务、何种难题，内心都将被强大的自豪感所充盈，从而拥有足够的勇气和底气去攻克一切阻碍，以无畏的姿态迎接任何挑战。

正如弗里施法则所示：**先让员工满意，才能让客户满意**。超级道场是为员工创造价值和意义的地方。无论你的企业规模是大是小，都应该围绕你的优势、使命和文化，打造一个超级道场，先让员工满意自己的企业和产品，才能心甘情愿地把客户"请进来"让客户满意，创造认同和交易。许多企业都习惯于将客户满意度挂在嘴边，并为此绞尽脑汁翻新着服务的花样，但是效果并不总是那么显著。原因何在？因为，很多企业忽视或者没有足够重视"先让自己的员工满意"。企业要想为客户创造体验，就必须首先为内部员工创造体验。

文化和使命是企业的灵魂，能够给人以信任和力量。好的企业文化和使命，不但可以让员工上班的时候受到激励，而且对他们衡量每项工作有着直接、细腻、客观、可评估的引导力量。把超级工厂／企业总部打造成一个超级道场，就是要把企业的文化和使命贯彻到企业的每一个角落，既可以激励员工，又可以吸引顶尖人才。一个企业的领导人，必须真心相信自己企业的使命和文化，否则还不如没有。超级玩家是公司的顶尖人才，他们的能力可能是普通人才的 5 倍、10 倍甚至数十倍，要寻找和培养这么好的人才，肯定要有很好的文化。因为这么顶尖的、厉害的人才，是不会被两三句话忽悠的，他们要看你是不是真的相信公司的文化和使命。反过来想一想，如果你的企业文化和使命都是假话、大话、空话，内容虽多，但吹嘘、浮夸成分过大，甚至没有什么实际意义，那就不可能吸引和留住顶尖人才，也无法赢得超级客户的信任和尊重。

在移动互联网时代，信息传播的速度和广度超乎想象，天下既无新鲜事，也不存在真正的秘密。美国著名推销员乔·吉拉德提出的**"250 定律"**认为，每一位顾客背后，大致关联着 250 名亲朋好友。倘若赢得一位顾客的好感，就相当于赢得了 250 个人的认可；反之，若得罪一名顾客，便意味着得罪了 250 名潜在客户。这一定律如同 150 定律一般，不仅适用于客户关系的维护，在员工管理方面同样意义重大。

在信息高度透明的当下，企业的真实状况毫无保留地呈现在大众眼前。员工作为企业的内部成员，他们的满意度对企业口碑有着直接且关键的影响。当员工对企业感到满意，他们所给出的积极反馈会借助互联网的力量迅速传播扩散，在市场中形成强大的正面效应，吸引更多客户关注并认可企业；反之，员工若产生负面情绪，这些消极信息也会以惊人的速度蔓延开来，对企业声誉造成严重损害。基于此，企业必须高度重视内部文化建设。通过营造积极向上、团结和谐的企业文化氛围，让员工在工作中获得满足感与归属感，确保每位员工都能成为企业形象的积极传播者，从而在客户心中树立起坚实的信任基础。

2. 营造客户口碑

最好的广告是满意的顾客。

——菲利普·科特勒

客户的口碑就是最大的广告，尤其是超级客户的口碑。2019 年 10 月 12 日，现代营销学之父菲利普·科特勒在北京发表了《营销的未来》的演讲。他认为，互联网正在让未来的消费者变得非常聪明，未来的企业可能不再需要销售人员，也不再需要广告。未来的市场营销最需要做的就是管理好客户口碑，最有效的广告就是来自消费者的朋友，还有体验过产品的这些人，消费者可以信任他们所说的经历和体验。他还举了个例子，一个新款的红酒可以作为一个礼品送给一个有影响力和庞大网络的红酒专家（关键意见领袖，Key Opinion Leader，KOL），如果他很喜欢它，你的工作就做完了，你其实不需要广告，也不需要销售人员，甚至都不需要给他钱，因为他对红酒很满意，也很愿意去谈论这个红酒。如果客户特别喜欢你的产品，他就会变成你的拥护者和倡导者，向自己的朋友和周围的人来宣传你的产品有多好，让朋友也去买你的产品。也许，这就是未来的市场营销。

超级道场是创造客户口碑的绝佳道场，没有之一。超级道场，之所以是最大的广告，是因为，没有任何一种广告形式可以让人们聚在一起产生情感丰富的交流。人类是真实的，必然需要一个真实的空间来建立信任和情感。因此，不管佛寺道观还是宗祠会馆，以及广场、剧院、图书馆和生产工厂之类的标志性建筑，几乎都是满足人们的心理需要的，在某种条件下甚至可能比满足生理需要还要重要。这就是把生产工厂升级为超级道场的意义所在。

一旦企业把生产工厂打造成超级道场，它无疑就是自家产品的最大卖场。最大的卖场往往就能形成最大的广告效应。它不仅能够为消费者购物提供真实的、可靠的线下背书，还能增强消费者对商品质量和服务保障的信任感。俗话说"跑得了和尚跑不了庙"，超级道场是一个赢得超级信任的好地方，信任是口碑的基石，口碑是最好的广告。几乎所有伟大的企业都在通过把生产工厂 / 企业总部打造成超级道场来塑造其独特且有情怀的品牌文化、工业文明和工匠精神，赋予员工信任和使命感，提高客户黏性和口碑效应。

此外，超级道场依托企业独特的文化、使命以及风土人情，能够为客户打造一场终生难忘的体验，进而达成**"零成本精准获客"**的目标。设想一下，一个能让精准获客成本趋近于零的"广告"，难道不是最具价值的广告吗？实际上，除了生产工厂，公司总部基地同样具备升级为超级道场的潜力。创新工厂的董事长李开复在《创业就是要细分垄断》一书中，分享过这样一段经历。2016 年年初，他亲自带队前往硅谷，拜访了一家看似仅运营一个网站，估值却高达 200 多亿美元的公司——爱彼迎（Airbnb）。参观结束后，爱彼迎的一位创始人表示："任何自认为能够复制爱彼迎的人，只要来这里参观一次，就会彻底打消与这家公司竞争的念头。"爱彼迎在产品、技术、大数据以及市场推广方面并非做到了行业顶尖水平，然而它却极其注重每一位访客的参观体验。无论身处何处，爱彼迎都力求为用户营造出"Be a host"（成为房子的主人）这种宾至如归的感受。为实现这一目标，爱彼迎对每一位员工、每一位高管以及每一位房东都提出了明确要求，期望他们切实履行各自的职责。为了充分展现对访客的珍视与由衷关怀，爱彼迎甚至为李开复一行配备了4位导游，且这4位均为公司员工。从他们的眼神中，能真切感受到他们对公司及公司文化的高度认同。爱彼迎将"Be a host"文化全方位融入办公室的每一处角落，并在公司的产品和服务中充分体现这一文化内涵，使得房东、租客以及访客在享受文化的同时，也能深度参与其中。爱彼迎每年接待的访客数量多达10 000位，令人惊叹的是，参观过后，每一位访客都成为爱彼迎的忠实粉丝，其中包括李开复本人以及同行的30余人。

这个故事充分彰显了将公司总部打造为"超级道场"的巨大价值。优秀的公司文化和使命，借助超级道场，不仅能够有效激励每一位员工，还能为客户创造终生难忘的体验，在最大限度上提升公司的品牌形象，成功抢占客户心智。

三、最大的卖场

未来，产品会被场景替代，行业会被生态覆盖。

——海尔创始人 张瑞敏

超级道场，是一个最大的卖场。

当你将工厂成功转型为卖场，无论是精心打造精致小巧、独具特色的工厂专卖店，还是构建规模宏大的工厂直销大卖场，抑或是打造集餐饮、饮品、游玩、娱乐、购物、休闲于一体的综合性商业体，都能将透明化生产流程、清晰可见的产品品质、沉浸式的场景体验，以及宾至如归的贴心服务，巧妙融合成一个极具吸引力的超级道场。在这里，消费者能直观感受产品从生产到成品的全过程，亲身体验优质服务，从而获得一场无须过多言语，便能深度信赖，且终生难忘的购物之旅。

正如海尔创始人张瑞敏所言：未来，产品会被场景替代，行业会被生态覆盖。所谓**"产品会被场景替代"**，是指将来产品会越来越不值钱，但场景是值钱的。因为产品只是场景的载体，用户要的是场景体验；"行业将被生态覆盖"，就是说你不能再以行业老大自居，现在所有的行业都要和其他的行业融合，每一个行业都要成为生态的一部分。

工厂即道场，道场即卖场。将工厂／公司总部打造成超级道场，有利于企业重建一个小而美的增长新框架，主要体现在两个方面。

其一，通过工厂新零售直销，创造超级直销生意；

其二，通过线上线下一体化，赋能全渠道生意增长。

1. 创造超级直销生意

企业通过超级道场"把产品直接卖给消费者"，同样可以创造超级生意。企业把单一的生产加工厂改造升级为一个"集生产与吃喝玩乐购于一体"的商业综合体，相当于在根据地市场（主场）为自己品牌和产品打造了一个最大的卖场。这样做既能获得更高的知名度和广泛的宣传，又能够通过多样化业态相互吸引更多客流，还能在超级工厂内部实现闭环运营，开辟一条小而美增长的新路径。

　　超级道场就像是超级产品的原生家庭。俗话说，孩子好不好，到家里转一转就知道。同样的道理，产品好不好，到工厂逛一逛就知道。在全民自媒体时代，消费者的力量似乎变得越来越强大，但同时也越来越"苛刻"，企业和产品在消费者面前变得更为透明。超级道场就是为了满足客户对产品透明性消费的渴望。无形的企业文化和使命必须付诸有形的道场，有形的产品也就成了超级道场存在的目的和理由，"唯有通过有形的物、通过创造独一无二的产品，来传递无形的思想和价值，来抵达彼岸世界！"这是乔布斯 1974 年在印度一个乡村晚上打坐所得到的顿悟。

　　在商业领域，超级道场本身必须就具备创造超级直销生意的能力和价值。青岛市登州路 56 号，两幢红色德式建筑，就是青岛啤酒博物馆，设立在青岛啤酒百年前的老厂房、老设备之内，展区面积 6 000 余平方米，以青岛啤酒的百年历程及工艺流程为主线，浓缩了中国啤酒工业及青岛啤酒的发展史，集文化历史、生产工艺流程、啤酒娱乐、购物、餐饮于一体。2013 年之前的十年期间主要靠"一销"的门票获得收入，自 2013 年之后，"二销"的文创产品每年带动创收增长 15% 以上，截至 2019 年文创产品收入是 6 000 万元，超过了博物馆门票。2020 年，青岛啤酒博物馆以201.75 亿元的品牌价值位列中国 500 最具价值品牌第 316 位，年接待量突破 110 万人次，总接待量接近 1 000 万人次。

　　工厂即卖场，工厂店不在于大小，甚至不在乎远近，而在于"把产品直接卖给消费者"的体验设计。人类最古老的商业模式就是"前店后厂"的直销模式，后来被规模化生产和深度分销模式所替代。但是时至今日，随着产能的过剩和激烈的竞争，以及企业面临的不确定因素越来越多，企业不得不重新选择"前店后厂"的直销模式，并借助互联网技术，绕过所有中间环节，把优质的产品以更低的价格直接卖给消费者，同样可以创造超级生意。

随着移动互联网和现代物流技术的高速发展，跨越时空的人际交流，无处不在的物流覆盖，"把产品直接卖给消费者"的 **DTC 模式**（Direct to Consumer，DTC）也正在成为一种新的商业模式。但是，数字秩序永远无法替代土地秩序，无论线上多么完美，永远也替代不了线下，也替代不了人与人之间的亲密互动和情感体验。所以，即便是 DTC 经典品牌的 Allbirds（欧布斯，估值 20 亿美元的鞋类品牌）和 Warby Parker（沃比帕克，估值 30 亿美元的眼镜品牌）也不得不打造许多线下实体店，借此为目标客户提供沉浸式体验。贵州茅台集团也在力图探索类似苹果公司的"线上自营电子商城 + 线下旗舰店（或授权店）"新业务，你可以理解为"贵州茅台集团 +i 茅台 / 巽风世界 + 茅台体验馆 / 专卖店 / 老酒馆 / 主题终端"模式，即"DTC+ 传统白酒实体店"模式，尽管茅台可能压根就没想过什么"DTC+"模式，但其 i 茅台在 2022 年仅用 7 个月时间就贡献了 118.8 亿元的销售收入，占茅台营业总收入的 9.31%，超过其直销收入的五分之一。2023 年茅台直销渠道营收为 672.33 亿元，占营业总收入的 45.67%。

其实，对于传统企业来说，完全可以把 DTC 模式锚定在工厂（如酒庄）沉浸式体验这个起点上，通过超级工厂店、自营电商、直营门店和社交媒体直达消费者。其关键在于利用线上的移动互联网技术和线下实体店（工厂店）的**展厅现象**（Show Rooming）——消费者在实体店只是看和比较商品，并没有当场购买的意图——为目标客户提供场景化的体验，为营销人员提供社群互动的场地，以 150 个超级客户为中心打造一个融合线上线下的卓越体验支持体系。而对于中小企业来说，则可以通过超级道场来构建自己的生态位，采取"错位竞争"策略，避免与巨头企业在正面战场针锋相对。比如李渡酒庄自 2015 年着手把酒厂改造成超级道场开始，通过持续迭代李渡酒庄超级道场与新零售模式，仅用 10 年的时间就完成从年收入几千万元到超过 10 亿元规模的蝶变。

2. 赋能全渠道生意增长

超级道场首先是一个闭环生意，在工厂内部就能实现从内容创作、品牌传播、客户互动和产品销售的全过程，形成一个完整的商业闭环（如图 4-2 所示）。除此之外，超级道场还是一个能够赋能全渠道生意增长的平台，承载着接受经销商、合作客户、政府、媒体参观和消费者培育等功能，同时还可以作为企业营销人员的培训基地，综合利用率非常高。

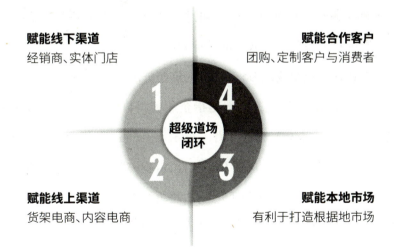

图 4-2　超级道场与全渠道生意

通过超级道场的综合赋能，企业能够在激烈的市场竞争中占据有利位置。同时，超级道场闭环生意拥有极强的"外溢效应"，能够将品牌的影响力和销售业绩扩展到其他渠道和平台。主要体现在以下四个方面。

一是品牌影响力的扩展

通过超级道场的有效营销，品牌能够吸引大量客户和粉丝，他们会将品牌的消息和产品分享到其他社交媒体平台，从而扩大品牌的影响力，也能节省很多广告费用。

二是销售业绩的增长

超级道场闭环生意能够"外溢"到其他渠道和平台，如图 4-2 所示，包括且不限于实体店零售、团购定制、抖音、视频号、京东、淘宝等，带动整体销售业绩的提升。

三是客户参与度的提升

超级道场具备极好的"UGC 效应"（User Generated Content，UGC），即用户生成内容。由客户自主创作和自传播的 UGC 内容（文字、图片和视频）能够引发广泛的曝光、关注和讨论，吸引客户主动参与品牌活动，这种参与度的提升也是外溢效应的一种表现。

四是超级道场还是实现 bc 一体化的最佳阵地

大家常说的 bc 一体化，一般是指企业利用数字化手段，将渠道中的零售商（小 b，business）和消费者（小 c，consumer）作为一体化运营的对象，围绕 b 端运营 c 端，两者互为杠杆，循环撬动，实现销量增长的数字化运营新模式。其实，作为工厂端的超级道场（F，Factory）就是一个最大的卖场，完全可以通过数字化手段直达消费者（Direct to Consumer，DTC 在线平台），或者直接把消费者"请进来"，也可以把经销商（大 B，Business）的终端零售商（小 b）和团购客户（大 C，Consumer）都"请进来"，为整个分销渠道赋能——工厂（Factory）→经销商（大 B）→零售商（小 b）→消费者（小 c）。另外，通过超级道场的工厂溯源之旅，把工厂开放给人们看，让消费者亲身体验从原料到制造过程的透明度，这些真实可信的短视频内容创作和主动传播，营造良好的线上化场景，同样可以赋能线上电商销售。

另外，值得欣慰的是，超级道场还可以是一种**"帮忙不添乱"**的新渠道思维方式。企业可以通过 DTC 模式直接将产品从工厂卖给消费者，其销售方式是"去掉中间商"，既可以把客户"请进来"实现到店消费，也可以通过自营电商网站直接销售。超级道场作为一个新零售直销的渠道，以消费者为中心（以 150 个超级客户为中心），以独立的直销产品为主线，它可以完全独立于企业现有的分销渠道之外，自成体系，只赋能，不添乱。

随着消费升级和体验经济浪潮的来临，越来越多的领导人已经开始把生产工厂打造成一个超级道场，形成一个融合线上线下的客户体验支持体系，为超级玩家（经营者）提供社群活动场地，为超级客户（消费者）提供一次终生难忘的朝圣之旅（溯源之旅），从而快速占领客户心智，并让超级客户参与进来，重塑品牌的新形象，实现营收和利润的双增长。比如郎酒庄园、认养一头牛和李渡酒庄等优秀的品牌都已经通过把生产工厂打造成"超级道场"拿到了优秀的结果，其成功的经验值得我们学习和借鉴。

四、增长闭环系统

超级道场 = 超级媒体 + 超级卖场

真正的靠谱，是能在运营上实现增长闭环。

超级道场的增长闭环系统是指"超级道场 = 超级媒体 + 超级卖场"。

如前所述，超级道场是最大的广告，也是超级媒体，既能吸引流量，又能精准"种草"（专门给别人推荐好货以诱人购买的行为）。同时，超级道场也是最大的卖场，将流量转化为实际销售，实现拔草（消费者在被种草后产生的购买行为），形成完整的营销闭环。超级道场通过提供沉浸式体验，进一步强化种草效果，加速拔草过程，提升购买转化率，形成线上线下无缝衔接的购物体验。

在超级道场的运营闭环里，种草需倾注80%的精力，而拔草仅占20%。虽说销售数据是衡量品牌建设成果的关键指标，但工业旅游的"过度商业化"倾向要尽量规避。毕竟，前来观光工厂游览的客户，本就怀着购物的心理预期，消费行为往往是水到渠成的。遗憾的是，不少相关部门和负责人未能洞悉游客这一心理，操之过急，导致到手的机会白白溜走。过度商业化不仅会破坏游客在观光工厂时的体验，还极易引发消费者的抵触情绪，最终事与愿违，得不偿失。

1. 超级媒体，精准种草

超级道场，之所以是最大的广告，是因为它能通过精心设计的互动环节和沉浸式体验，精准捕捉目标客户兴趣点，深度挖掘其潜在需求，从而实现专业化种草。超级道场不仅有静态的场景，还有动态的社交，可以促进人与人之间建立真正的、私人的、长期的关系。

超级道场运营好不好，关键在于经营人。 按照超级玩家的思维方式，你先要对标第一，做到"更好"，再找到企业的"不同"（追求唯一），让"更好之中蕴含不同"，然后围绕"人⇌货⇌场⇌线上化"工作进行拆解，并把它们整合成一个小而美的增长闭环，最终形成小而强的合力。

因此，我们可以把超级道场的专业化种草工作拆成五个步骤，如图4-3所示：第一步——选对人，做对事，谁来做（who）是决定成败的关键。然后，才是第二步——场景、第三步——产品、第四步——体验、第五步——线上化。

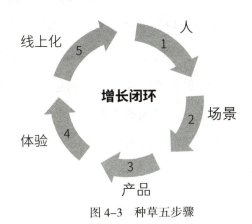

图 4-3 种草五步骤

第一步：选对人，做对事，谁来做是决定成败的关键

人，是万事之本。选对人，即精准定位目标客户群体，确保种草信息

161

直达潜在买家。做对事，即设计符合客户兴趣的场景和产品，提升体验感；场景布置要生动，产品展示要诱人，体验环节要互动，线上化要便捷，环环相扣，步步为营，确保种草效果最大化。

超级道场，是一把手工程。只有企业的一把手，才能集中优势资源，打破部门壁垒，提高工作效率，确保顺利完成超级道场运营闭环的各项工作。同时，一把手还要重视搭班子、带队伍，培养接班人（超级玩家）。

人对了，事就成了。这个"人"包括以下两部分：

■ **一是选对经营人（实际负责人）**，明确谁来做（who），谁来承担主要责任和关键角色，能够避免职责不清和推诿扯皮的现象，提高团队的协同效果；

■ **二是要选对目标客户（超级客户）**，经营人（超级玩家）一定要清楚自己的客户画像，要清楚"以超级客户为中心"才是第一要务。客户不对，努力白费。只有选对客户，才能保证最佳的种草效果。选对人，做对事，谁来做（who）是决定成败的关键。否则，即使有了好的想法和计划，如果经营人能力不足、态度不端正或者缺乏责任心，成事就会很难。

最为糟糕的情况，就是企业一年到头"请进来"成千上万的人大搞"回厂游"工作，结果却变成一场场形式上的"吃喝会"，这种基于"吃喝拿要"心理的赞誉和好评，在实际的种草接受度、客户参与度或商业表现方面却不尽如人意，花费很大，收益却很小。

第二步：场景设计，要重视线上线下一体化获客与增长

设计，无疑是对特色的放大，是对优势的强化，是对卖点的可视化表达。好看只是设计的基本要求。理解这一点，你就能明白，好看的设计千篇一律，有趣的灵魂万里挑一。

　　根据黄金圈法则，在你考虑场景设计和建设之前，先要做好的第一件事——紧密结合企业特色、目标和价值观（或使命）——只有先弄清楚为什么（why）设计，怎么做（how）和做什么（what）才真正有意义。超级道场的商业价值，是在员工和客户心里创造认同和信任，场景设计才能有明确的方向。否则，好看的设计未必能够拥有灵魂，甚至难以转化为商业价值。毕竟，工业旅游又不是什么著名景点和文化高地，而是一个为企业创造客户价值的道场。

　　对于一家企业来说，场景设计和建设并不难，难就难在能够在设计和建设过程中始终强化你的特色和优势，植入社交属性，制造体验与共享。只有立足"不同"，做到"更好"，以及"低价"（性价比），才能与客户"共情"，才能创造认同和交易，最终实现线下线上一体化获客与增长。在场景设计中，细节决定成败。每一个角落、每一处装饰，都应传递企业独特的文化气息，让客户在沉浸式体验中感受到品牌的温度。

　　超级道场的场景设计主要包括两大板块：一是**线下场景**，二是**线上场景**。大多数企业都会过度纠缠于线下场景的设计与建设，却常常忽视了场景设计的社交属性和体验共享。精心打造的线下场景若缺乏线上互动，便如孤岛般失去连接，无法形成有效的闭环。反之，线上场景若能与线下场景无缝衔接，便能极大提升客户参与度和转化率，真正实现双向赋能。

（1）社交属性，是线下场景设计的新方向

　　在体验经济浪潮的带动下，工业旅游让企业仿佛看到了增长的新方向，一下子变成了香饽饽。这就吸引不少企业大干快上，斥巨资大搞基础建设，把工业旅游变成了房地产和文旅性质的超大项目，在建筑设计和场景打造上尽显恢宏气势和豪华风范。最终结果呢，由于前期欠缺考虑和谋划，更多的是出于自身的自娱自乐，也缺少以客户为中心的视角，结果导致后续的商业化运营不尽如人意，甚至因此耗尽企业的现金流，反成拖累。

人生多少事，都在一念间。一念之间，对错转变，成败轮回。查理·芒格常说：追求理性，值得你付出一生的努力。理性思考，精准定位，方能避免盲目跟风，真正实现场景设计与商业价值的完美融合。

超级道场不是简单的工业旅游设计，而是基于企业特色的运营闭环设计。一味地追求"更好"的设计，永远没有尽头。醉翁之意不在酒，超级道场的设计更在乎它的社交属性。未来的工厂，势必成为一个社交的新道场，其设计的目的是让工厂成为客户和社群聚会的"社交目的地"。由于碎片化的、浅层次的、虚拟的线上社交很难建立起真正的情感联系和信任，线下社交正在成为促进线下消费的驱动力。

在当下的消费环境中，社交与消费紧密相连，**"社交即消费"**已成为一种显著趋势。让消费者深度参与到生产、品鉴以及购物的全流程之中，借助聚会、娱乐、亲身体验、主题策展等丰富多样的形式，能够打破以往客户与企业之间单纯的买卖关系，构建起更为多元、紧密的互动纽带。这种深度参与不仅能增强消费者对产品的了解与信任，更能为实体空间赋予更多的情绪价值。消费者在参与过程中，收获的不仅是商品，还有情感的共鸣、美好的回忆以及社交的满足。

展望未来，随着社交在消费中的重要性日益凸显，所有的场景与产品设计都应具备社交属性，这无疑将成为工业旅游项目设计的全新思路与方向。通过融入社交元素，工业旅游项目能够吸引更多游客，为游客带来独特的游玩体验，同时也为企业创造更多的商业机会与品牌价值，促进工业与旅游业的深度融合与创新发展。

工业旅游设计，核心在于平衡共情与功利。共情，是从游客视角出发，营造出触动人心的游览体验，让其产生强烈的情感共鸣；功利，则是兼顾商业效益，确保项目盈利与长远发展。这种**"先共情、后共利"**的模式，是社交体验设计的最优解。工业旅游的场景设计不仅要注重功利社交（交易部分占比 20%），更要关注共情社交（情感部分占比 80%），交易是共情的结果。只要你具备价值，具备特别，别人对你产生兴趣和认同，交易就是自然而然的事情。但是，据我们观察，大多数的工业旅游普遍缺乏对社交体验设计的重视，要么不够共情（重视旅游推销），要么不够功利（忽视交易设计），要么无法让共情和功利实现有效的融合。

超级道场的线下场景设计，是一项综合性创作，切不可毫无重点、亮点与社交属性。依据"完全穷尽，相互独立"原则，线下场景设计涵盖层层递进的游客动线规划，室内外空间布局；企业文化展示，如宣讲室、品牌与科普教育；生产流程展示，包括专属参观通道、透明生产线、酿酒或制茶车间；互动体验区，像手工制作工坊、产品品鉴区；休闲娱乐设施，含休息区、儿童娱乐、表演舞台、艺术展览；产品展销及文创周边，提供个性化包装定制；特色餐饮，如当地餐厅、小吃摊、咖啡吧并推荐餐酒搭配；多功能厅用于举办主题、社群活动或讲座。各环节精心策划，让游客沉浸式感受企业独特文化，享受互动乐趣，自然转化为忠实消费者。

（2）体验共享，是线上线下一体化设计的新要求

在当下的流量生态体系中，**社交流量堪称一切流量之源**，是驱动品牌传播与业务增长的核心动力。当场景与产品巧妙融入社交属性，就如同为它们装上了强劲的传播引擎，源源不断的流量便会随之而来。布瑞恩·索利斯在《体验：未来业务新场景》一书中认为，体验共享是场景和产品设计的副产品，它们要么提供特殊的、可供分享的体验，要么不提供；消费者要么是满意的，要么是不满意的。

在当今"个人即媒体"的时代浪潮下，体验共享已成为获取社交流量的黄金法则之一。社交媒体凭借其无与伦比的广泛性与便捷可及性，让体验的传播突破了时间与空间的束缚，得以在弹指间迅速扩散。当你费尽心思将目标客户"请进来"，会发现他们每个人手中都握着一部智能手机，宛如一座移动的传播基站。这些客户在沉浸式体验的过程中，内心的触动与喜悦会驱使他们随时随地通过社交媒体分享那些美好的瞬间。这种自发的分享行为，不仅是个人情感的抒发，更是品牌形象与产品价值的有力传播。不妨换个角度思考，若精心打造的场景和产品设计未能引发客户在社交媒体上的分享欲，既不见他们拍照留念，也无视频记录，更无转发传播，那无疑是一种警示——你的体验设计或许过于平淡，未能触及客户的情感深处，难以激发他们主动传播的热情，从这个意义上来说，这样的设计无疑是失败的。

体验经济时代，线下现实世界和线上虚拟世界（数字化）的体验共享，对于一切事物都是有价值的。所以，你必须在工业旅游设计中增加一项新的社交属性——**体验共享**。通过精心设计的互动环节和拍照打卡点，激发游客的分享欲望，将线下体验转化为线上传播的热点，形成口碑效应，进一步扩大品牌影响力。同时，利用大数据分析游客反馈，持续优化体验设计，确保每一次分享都能成为吸引新流量的契机。

醉翁之意不在酒，尤其是在当下这个物质丰裕且同质化的年代，人们更在乎的是一个产品的社交属性和体验共享的价值。通过赋予产品独特的社交标签和分享机制，不仅能提升用户的参与感和归属感，还能在无形中构建起强大的品牌社群，进而实现用户黏性的持续增长和品牌忠诚度的深度巩固。例如，某健身工作室通过发布短视频展示课程特色，吸引用户参与话题讨论，结合美团优惠券，迅速提升知名度，新客增长30%，复购率提升20%。这种线上线下融合的体验共享模式，有效缩短了新店冷启周期，实现了长效用户运营。

第三步：超级产品，有利于"种拔一体"

超级道场，宛如一个庞大且极具能量的**"场域产品"**，它拥有强大的赋能能力，能够为无数个小产品（货）注入活力与价值，同时为平衡"不可能三角"（高品质、独特性和经济性）开辟新路径。在这个概念里，产品并非孤立存在，而是深度融入场景与内容之中，成为不可或缺的有机组成部分。事实上，在商业运营中，我们常常无须面面俱到，只需精心雕琢一个"无限接近于唯一"的超级产品，便极有可能精准地撬动目标客户的"钱包"。

这样的超级产品，凭借"更好 × 不同 × 低价"特性，能够直抵消费者的内心深处，引发强烈的情感共鸣，进而极大地激发他们的购买欲望。它不仅仅是开启交易的起始点，更是承载品牌故事与文化内涵的关键载体。借助超级产品，品牌得以持续吸引公众的目光，消费者在使用过程中产生的良好体验，会促使他们主动分享，从而形成口碑传播的良性循环，为品牌带来源源不断的流量与市场份额。

消费，是人的天性。无论是通过购买商品或服务来满足某种需求，还是通过消费来展示自己的社会地位和个性，消费都是人性中不可或缺的一部分。人们喜欢消费，但是讨厌乏味无趣的产品。正因如此，充分挖掘并利用超级道场的独特价值，打造出"无限接近唯一"的产品，才是在竞争激烈的市场中脱颖而出的不二法门。

那么，如何设计"无限接近唯一"的产品呢？如图 4-4 所示，你可以参考前文"第三章第二节 2.：不同，无限接近唯一"的部分内容，根据"物美价廉和与众不同"的二维直角坐标系，寻找灵感。在这个坐标系中，所谓极致的"物美价廉"，绝非普通意义上的性价比，而是以无限趋近行业第一的标准，在品质上做到登峰造极，在价格上达到无可比拟的亲民程度。在这看似简单的"物美价廉"背后，实则隐藏着极致的"与众不同"，它并非稍显独特而已，而是以无限靠近唯一的姿态，在市场中独树一帜，成为消费者心中无可替代的存在。

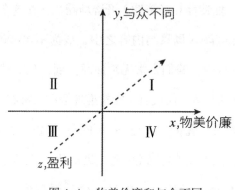

图 4-4　物美价廉和与众不同

再次强调一下，"无限接近唯一"的产品设计思维不是算法思维，而是"启发式思维"，也是"客户中心化"思维，这就意味着没有既定的路径，没有数学公式来帮你达到目标，但你仍然需要紧盯行业第一，思维严谨、关注过程，否则你会毫无章法。如果你不能说你是"无限接近唯一"的，要么回去重新开始，要么在"更好，无限接近第一"中寻找"不同"，而不是选择与同类竞品大同小异，或是泯然大众。

相较于同类竞品，无限接近唯一的超级产品设计可以参考以下几个维度：

（1）**物美**：消费主义时代，颜值即正义。俗话说，先敬罗衣后敬人。消费美学依然是唤起消费欲望的秘密武器。当然，品质最好能够做到"无限接近第一"（锚定第一，只与第一比较，才能形成最大的杀伤力）。也可以极致化地对标第一或模仿第二，但要拒绝"山寨感"。

（2）**价廉**：相较于同样"物美"的同类竞品，"低价"无疑就是一把利器。何况到店消费已经为你节省了营销和交付成本，这一点消费者也明白，若是会员，低价就是最好的福利。

（3）**不同**：极致化竞争必然导致产品大同小异，独一无二的文化则成为最为稀缺的社交和体验元素。另外，绝对的、真实的限量或少量（拒绝忽悠感），以及现场定制，比如创始人或大师的现场签名，"即时满足"可实现最佳效果。比如李渡，全世界唯一的一口四香白酒。

（4）**第一**：第一是打造超级产品概念的最佳方法之一，尤其是在你的超级道场里，你的主场，你做主。比如观云，第一个点赞开瓶的白酒。如果做不了第一，那就做"第一个"也很有意义，很多人同样无法抗拒"第一个"。

（5）**卖点可视化**：一个产品的卖点再好也很难在包装上得到充分的表达，但是却可以在超级道场（大产品）的场景设计上进行多角度、多维度、生动化的予以展现，甚至可参与体验，让消费者直观感受到产品的独特魅力。这种"产品＋场景"的沉浸式体验设计，正是将卖点从平面转为立体，从抽象变为具象的关键所在。

最后，必须着重强调，**"最小客单价"**产品设计在工业旅游的运营中占据着举足轻重的地位，绝不可被轻视。对于开展工业旅游项目而言，企业领导人应具备"底线思维"（bottom-line thinking），即提前设定明确的最低目标，并精心制定周全的应对策略，以此防范可能出现的"颗粒无收"这种极端不利的经营状况。

在工业旅游领域，常见的模式是门票免费，导游服务也免费提供。在这样的情况下，如何巧妙运用"免费＋收费"策略，创造最小客单价的收费产品至关重要。以台湾烟酒公司埔里酒厂为例，它是行业内最早成功转型为"观光工厂"的酒厂之一，也是全球参观人次最多的黄酒酒厂（最高峰180万人次/年），参观是免费的，导游是免费的，品酒也是免费的。但是，最小客单价的酒香食品却是收费的，比如绍兴香肠、绍兴酒蛋、绍兴米糕、绍兴凤爪、绍兴梅等。据埔里酒厂厂长林秋长所说："光是绍兴香肠与酒蛋，每个月就可以贡献800万元的收入。"最小客单价产品，也能创造意想不到的价值。它就像一个钩子，一个撩开客户"钱包"的钩子，也是一小撮能够在客户心中野蛮生长的草。通过精心设计的最小客单价产品，不仅能吸引顾客，还能在无形中提升品牌忠诚度，实现长期收益。这种策略，既是对消费者心理的精准把握，也是对企业盈利模式的巧妙创新。

第四步：超级体验，一次沉浸式体验胜过千言万语

当下，工业旅游正在成为一股潮流。但是，大多数工业旅游项目还是"一锤子买卖"，游客去了一次之后几乎不想再去第二次。目前国内大多数工业旅游的游客重游率都不足5%，甚至有些观光工厂连1%都做不到。如何破解工业旅游地**"一次性观光"**的魔咒，实现游客的持续回流，已经成

为摆在工业旅游面前的现实挑战。

　　其实，工业旅游的超级体验，也是可以精心设计出来的。《绝佳体验》的作者在书中提出一个观点："事先设计＋反复练习＝绝佳印象。"作者以迪士尼乐园为例，你能在迪士尼乐园见到的一切事物都是经过精心编排和设计的，演职人员（即内部员工）所做的大约90%的工作都是要经过事先筹划和反复练习的。在迪士尼工作十余年的布鲁斯曾做过计算，一场仅有25分钟的表演，表演团队花在排练上的时间居然是"台上1分钟，台下7个小时"。反观国内的诸多工业旅游项目，企业的领导人和设计师普遍缺乏精心设计的体验剧本，也缺乏反复练习的专业精神。

　　一个好的故事，胜于千言万语。最好的体验一定是要围绕一个故事来设计剧本。尽管所有的故事都包括四个要素：故事、讲故事的人、分享媒介和客户，但是，对于工业旅游来说，客户不再是游客，而是故事的主角，能来听故事的客户都有很强的目的性——你的产品是否值得信任和购买——如果不能，那么客户就会视同路人。茑屋书店的创始人增田宗昭曾提出一个"**像设计杂志一样设计客户体验**"的思路，他曾说，茑屋书店就像一本时尚杂志，主题是"令人期待的生活"，里头编纂了100篇让人想读的专栏文章。通过这种设计理念，工业旅游也能让游客在体验中感受到产品的独特魅力，从而转化为忠实顾客。精心编排的体验剧本，结合反复练习的专业精神，才能打造出令人难忘的超级体验，真正打破"一次性观光"的魔咒，实现游客的持续回流。

　　一次终生难忘的体验，同样胜过千言万语。那么，如何设计这种超级体验呢？2002年诺贝尔经济学奖获得者、心理学家丹尼尔·卡纳曼（Daniel Kahneman）提出峰终定律（Peak-End Rule）。人们对体验（体验事物或者产品）的记忆由两个因素决定：体验最高峰的感觉（最高峰分为正的最高峰或负的最高峰）时和体验结束时的感觉。这里的"峰"与"终"就是所谓的**关键时刻** MOT(Moment of Truth)，MOT 是服务界最具震撼力与影响力的管理概念与行为模式。基于人们潜意识总结体验的特点，除了峰值和终值之外的其他体验，无论好与不好体验的比重是多少，若体验时间的长短对记忆的影响不多，则会被选择性忽略。高峰之后，终点出现得越迅速，这件事留给我们的印象越深刻。因此，在工业旅游项目的设计中一定要善用"峰终定律"，在互动体验上制造高峰时刻，在结尾时刻做好餐饮和购物体验，好的结尾相当于成功的一半。

常言道，"你不会有第二次机会去制造第一印象"，**首因效应**在各个领域都有着举足轻重的影响。在竞争激烈的商业环境中，若想脱颖而出，就必须剑走偏锋，去做大多数人和企业难以做到之事，以此形成与竞争对手之间的显著差异。

当你毅然决定开启工业旅游项目时，前期筹备工作至关重要。务必以目标客户为核心，精心规划、巧妙设计，为他们打造一场"令人难忘、可重复体验、值得分享传播的超级体验之旅"。只有在这种明确且强烈的目标导向下，你才能稳稳留住现有客户，吸引他们再度光临，同时凭借良好口碑，源源不断地招揽新客户。通过细腻的情感连接，工业旅游不仅能展示企业的硬实力，更能传递文化的软实力，让游客在离开后依然心有所系，口口相传，最终实现品牌影响力与商业价值的双重飞跃。

第五步：线上化，一条短视频胜过百万雄师

社交媒体关乎技术，但更多的是关乎社会学。

——布瑞恩·索利斯

超级道场，一切皆是内容。线下引流，靠场景；线上引流，靠内容。超级道场是场景与内容的融合体，可以帮助我们实现线上线下一体化获客与增长。

移动互联网时代，内容即场景。未来，基于工业旅游（或观光工厂）的超级道场，无疑就是一个**超级内容工厂**。一旦你的场景和产品体验被客户分享到线上（微信、抖音和小红书等），这些由客户自主创作和自传播的 UGC 内容（文字、图片和视频）就能够引发广泛的关注和讨论，形成你的线上化内容与场景，并能够被二次创作、分享和搜索，好的内容也能获得社交媒体的算法推荐，获得更多的流量，甚至外溢到其他电商平台，促进交易。

当下，客户对企业的信任度降到历史最低点，营销和销售人员对客户决策的影响力也在迅速降低，他们越来越多地根据其他客户的评论、具备影响力的朋友推荐和专家的意见做出决定。布瑞恩·索利斯还认为，社交媒体关乎技术，但更多的是关乎社会学。社会科学家早就知道："人们的行为在很大程度上受其周围人的影响，尤其是那些他们强烈认可的人。"因此，超级道场除了让场景设计具备体验共享价值之外，还需要邀请更多的超级客户、本地的意见领袖（KOC）和全国的知名专家参与进来，营造更多的线上化内容和场景。

杰夫·贝索斯曾经说过一句名言："你的品牌就是当你不在场时，人们如何描述你。"归根结底，你的线下场景设计一定要充分考虑到体验共

享的价值，同时也要主动设计好线上化的场景内容（短视频、图片和评论），以供消费者一键分享。

互联网＋、AI＋，让一切皆有可能。想象一下，如果你能够把线下场景生成线上的数字化内容——3条让人向往的短视频（置顶短视频账号）、6篇令人信服的消费笔记（小红书推荐页）和9张让人心动的图文（发布微信朋友圈），那么就能够更容易地、低成本地、高效率地"请进来"更多目标客户，这些内容相当于你雇用了24小时免费工作的员工，从而大大地缓解你的流量焦虑。移动互联网时代，时有奇迹发生，有时候一句话、一张图、一条短视频，看似轻如鸿毛，却能在瞬间引爆网络，引发病毒式传播，迅速提升品牌知名度，其影响力足以胜过百万雄师。

2. 超级卖场，高效拔草

超级道场＝超级媒体（种草）＋超级卖场（拔草）。超级道场既可以实现**"种拔一体"**的增长闭环，又可以在赋能"全渠道生意"增长的同时，做到"帮忙不添乱"。

上文详细剖析了借助超级媒体进行精准种草的相关内容，接下来，我们将把目光聚焦于如何依托超级卖场实现高效拔草这一关键问题。尽管前文提及"为了规避工业旅游的过度商业化，超级道场的运营应将80%的精力倾注于种草，仅20%分配给拔草"，但是，这看似占比仅20%的拔草工作，实则是精准衡量种草成效的试金石，也是决定超级道场经营效益的关键密码。总之，精准的种草与高效的拔草相辅相成，形成良性循环。

在超级道场的诸多经营指标架构里，商品交易总额（Gross Merchandise Volume，GMV）是一个核心的指标。本文仅探讨"去退后GMV"，它是通过统计所有商品的成交金额，直接反映出拔草环节的转化效果，涵盖了从客户被种草后下单、支付和售后等一系列最终促成交易的完整过程。

若将超级道场的 GMV 进行拆解，可用一个公式来表述。

GMV=流量 × 点击率 × 转化率 × 客单价 × 复购率

接下来，让我们以提升超级道场 GMV 为目标，逐一分析公式中的各项指标，探寻它们背后隐藏的商业密码。

（1）到店流量

流量是超级道场的生命线。所以，产生"流量焦虑症"则是人之常情。正所谓"识不足则多虑，威不足则多怒，信不足则多言"，之所以焦虑，是因为你对流量的认识不足，拆解得不够全面和细致。

第一步，确定策略

超级道场的到店流量主要有两种获取途径：内部流量和外部流量。不论是内部流量还是外部流量，都包括自然流量（免费）和付费流量两种。根据流量受众与目标受众的匹配度，还可以把流量分为泛流量和精准流量。由于超级道场的流量在时间顺序、重要程度以及影响力等方面存在差异，这就要求你时刻保持敏锐的洞察力，不断对各类流量进行有机组合。

定策略，有利于化解你的流量焦虑。根据我们多年的实践经验，超级道场的最佳流量策略是"先内部后外部""精准流量为主，泛流量次之"和"以付费流量撬动免费流量"，如图 4-5 所示。

首先，内部流量是你现成的资源，先从内部流量找到超级客户（从 1 到 150），流量的尽头是超级客户，超级客户会带来更多客户；

其次，以精准流量为主，超级道场无疑是一个超级漏斗，能够高效地帮助你留存住精准流量，并让你远离泛流量的"细沙陷阱"；

175

最后，直接花钱把目标客户（精准流量）请进来，通过超级道场为他们营造一次终生难忘的沉浸式体验，以付费流量撬动免费流量不失为一个明智之举。与其弱弱地影响 10 万人，不如精准地影响 1 000 人。

图 4-5　超级道场流量思维

第二步，划定小池塘

以超级道场为中心，把半径 100 公里范围内的区域划定为一个专门用于获取本地流量的"小池塘"。在这个精心圈定的区域内，我们从本地流量、内部 / 私域流量以及付费 / 精准流量这三个关键切入点入手，有条不紊地实施**"荷花定律"**。"荷花定律"意味着在前期看似缓慢的积累过程中，耐心培育流量，当达到一定的临界点后，便能实现流量的爆发式增长。

谈及线上流量，尤其是公域的、免费的泛流量，务必清晰地认识到：倘若超级道场连"小池塘"里的流量都无法有效掌控与转化，那么即便面对如"银河系"般浩瀚的流量，也同样难以承接并实现价值利用。这就好比在未筑牢根基的情况下，去承接超出自身承载能力的事物，最终只会导致资源的浪费与错失发展良机。

第三步，确定实际负责人

为使超级道场顺利引入"以 150 个超级客户为中心"的流量运营机制，两项关键举措势在必行。

其一，务必确保针对"150 计划"明确设立一位实际责任人，即"超级玩家"，全力推动超级客户与超级道场的深度互动，成为超级客户关系维护与价值挖掘的核心枢纽；

其二，成立一个指导委员会作为坚实的组织保障，确保整个流量运营机制能够沿着既定的目标高效、有序地运行。

第四步，精选关键人（KOC）

超级客户是你现成的内部资源。

首先，你需要将他们上翻到线上进行数字化管理。

其次，要通过线下活动交由实际负责人进行激活。

最后，把他们作为"荷花之母"，吸引其他荷花绽放，直至达到 20%～30% 比例的目标客户群成为超级道场的核心群体，就会引发涟漪效应。正面口碑会逐圈波及一般客户、品牌向往者和关注者，在一个或多个 150 人以内的目标客户群内发起小规模的流行，从而引爆小池塘内的消费潮流，实现"满塘荷花开"。

第五步，实施 BC 一体化

精准覆盖核心目标人群的消费场所（餐饮、夜店、CVS 便利店）和消费场景（各种聚会、宴席），聚焦"有效店建设"，做好 B 端关键人（KOC）的激活、留存和裂变。从 C 端客户拉动 B 端门店（小盘），从 B 端激活区域（大盘），最终通过"盘中盘"营销模式（核心小盘带动大盘）

滚动式占领区域市场（小区域，高占有）。

第六步，做好数字化平台建设

搭建数字化平台，核心目标在于达成线上线下流量的一体化运营维护。在当前竞争激烈的市场环境下，单纯依赖"新流量"维系公司发展难以为继，毕竟"拉新"成本正持续攀升。真正的关键在于凭借"留量"实现裂变式增长，从而源源不断地吸引新流量。唯有牢牢把握留量这一制胜法宝，才能为公司的稳健发展注入持久动力。

数字运营管理的范畴远不止作为扫码、赠送、兑奖以及领红包功能的中台，还深度涵盖电子商务、社交媒体以及 CRM 等软件应用。通过这些多元的应用，构建起一个全面且有机的数字化生态体系。更重要的是，通过目标客户（ABC 分级）数字化管理，能够归因得出影响"转化率"直接因素，比如客户画像是否准确、产品价格是否合适、促销形式是否恰当、消费体验是否友好，等等。

（2）商品点击率

从全国范围来看，国内工业旅游项目在商品展示和商品点击率（CTR of Products）方面普遍存在短板。许多工业旅游项目未能充分利用游览路线、展示区域等空间，导致商品展示次数严重不足，无法给游客留下足够印象。同时，展示方式缺乏吸引力，陈列布局杂乱无章、展示手段单一，难以突出商品特色与价值，展示效果差强人意。

由于商品展示次数与效果不佳，游客对商品的关注度与兴趣极低，商品点击率处于低迷状态。即便部分游客看到了商品，也因前期展示环节的不足，难以激发购买欲望，最终致使转化率始终在低水平徘徊，严重制约了工业旅游项目的商业效益提升与可持续发展。

因此，你若想通过打造超级道场实现高效拔草，就必须重视提升商品点击率。具体的做法和建议如下。

第一，打造特色卖场

在超级道场内部精心构建超级卖场或工厂店，以茑屋书店为范例，深度借鉴其营造生活方式的新零售模式。着重关注商品的陈列位置，通过巧妙布局，将商品按照不同主题、功能或目标受众进行分区陈列，例如设置"家庭实用区""时尚潮流区""科技体验区"等，使顾客能迅速定位到所需商品。同时，强化生活场景的营造，为商品搭建逼真的生活场景展示区。比如在展示家居用品时，模拟客厅、卧室等真实空间布局，让顾客更直观地感受商品在实际生活中的使用效果，从而提升顾客对商品的兴趣与购买欲望。

第二，拓展展示环节

在生产环节，设置专门的参观通道，沿途合理设置商品展示点，在工人进行生产操作的间隙，适时展示即将完成或已完成的优质产品，让游客了解生产流程的同时，也能近距离接触商品。在品鉴环节，结合所展示商品的特点，开展互动式品鉴活动，如食品类商品可让游客品尝后，在品鉴区域同步展示相关产品及配套商品。用餐环节同样不容忽视，在餐厅内的显眼位置设置小型商品展示架，展示与餐饮相关的特色产品，如特色酒饮、调味料、精致酒具和餐具等，借助用餐场景激发顾客的购买冲动，全方位增加商品的展示机会。

第三，提升产品静销力

在产品展示的关键环节，提升产品静销力（Static Force）是重中之重。所谓静销力，是一种仅凭产品自身要素，便能自发产生销售影响力的神奇力量。其中涵盖了产品名称，它就像品牌的"第一印象标签"，需精准传达产品特质与价值，以简洁有力的方式吸引消费者目光；包装则是产品的"外在肌肤"，**颜值即正义**（Appearance is Power），从造型设计到材质选择，都应在契合品牌定位的同时，满足消费者的审美与情感需求，激发他们的探索欲望；卖点是产品的独特优势，是在竞争激烈的市场中脱颖而出的关键，必须清晰、明确且极具吸引力，直击消费者痛点；价格策略需兼顾成本与市场需求，在保证利润空间的同时，展现出超高性价比；视觉焦点通过巧妙的设计布局，如色彩搭配、图案运用等，迅速抓住消费者的视线，让产品在众多竞品中脱颖而出；促销信息则是刺激消费的"催化剂"，以限时折扣、满减优惠等形式，激发消费者的购买冲动。

当这些要素协同作用时，产品便具备了一种无须过多外力推动，即可实现"自卖自身"的强大能力，在销售终端持续释放销售潜能，为企业创造更多的商业价值。

（3）商品转化率

流量的涌入与商品点击率的走高，意味着成功吸引了消费者的目光，让他们对商品产生了初步兴趣。但是，如果转化率CVR（Conversion Rate）不尽如人意，尤其是"商品转化率"（CVR of Products）上不去，前期的所有努力都将付诸东流。

商品转化率，可以说是超级道场实现高效拔草目标的核心驱动指标。它犹如指南针，精准引导着超级道场在运营策略、场景搭建、商品展示等各个环节的优化方向，直接决定着超级道场将消费者兴趣转化为实际购买行为的效能高低。

若想切实提升商品转化率，菲利普·科特勒（Philip Kotler）及其团队在《营销 4.0》中提出的**"5A 模型"**（详见图 4-6）不失为极具价值的参考。此模型涵盖 Aware（了解）、Appeal（吸引）、Ask（询问）、Act（行动）以及 Advocate（倡导）这五个循序渐进的阶段。在实际营销场景中，只要你能够深入洞察消费者（150 个超级客户足以展示完美的客户画像），在经历这五个阶段时遭遇的各类阻碍因素，精准施策，就能将流量真正转化为实实在在的收益。

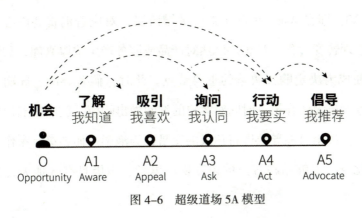

图 4-6　超级道场 5A 模型

接下来，我们把科特勒 5A 模型作为"超级道场 5A 模型"进行流量分析，让你明晰影响"商品转化率"的主要因素。具体分析如下：

■ **A1**，即在 Aware（了解）阶段，也就是消费者形成**"我知道"**这一概念的过程。过去，主要依赖"打广告"与"走出去"的传统手段来影响消费者认知。这类方式弊端显著，不仅需要投入大量资金，耗时漫长，而且在受众定位上缺乏精准度，最终效果也充满不确定性。反观当下，借助超级道场，你能够采取"请进来"与"沉浸式体验"的创新营销方式。相较于传统做法，这一模式所需投入资金少，能在短时间内看到显著效果，并且可以精准触达目标消费者（超级客户），无疑是一种更具优势的营销选择。

■ **A2，**即在 Appeal（吸引）环节，即让消费者由衷表达**"我喜欢"**的重要阶段。超级道场、超级产品、超级玩家及其专业服务团队协同打造的沉浸式体验情境，能将环境威力法则的效能发挥到极致。在此情境下，消费者的心智被深度触动。他们从旁观者转变为深度参与者，这种角色转变极大地加深了消费者对产品的理解与认同，从而有力地推动消费者对所体验的商品或服务萌生强烈的喜爱之情。

■ **A3，**即在 Ask（询问）这一关键阶段，对应着消费者内心**"我认同"**的心理转变过程。当客户已然对产品或服务产生浓厚兴趣，后续的沟通环节便成为决定购买决策的重要节点。此时，倘若导游、导购、销售或是服务人员无法在第一时间对客户的询问做出响应，就会削弱他们对产品的信任，甚至可能导致即将达成的交易化为泡影。而超级玩家作为超级客户的化身，能够站在客户的角度换位思考，积极且有效地为客户答疑解惑。

■ **A4，**即在 Act（行动）阶段，对应着消费者从心动迈向行动，喊出**"我要买"**的决定性时刻。而超级道场，无疑是孕育客户认同、促成交易的理想之地。在这里，独特的场景设置、全方位的体验式营销，让消费者沉浸式感受产品与品牌魅力，自然而然地催生出强烈的认同感，进而转化为购买行为。展望未来商业趋势，体验将成为驱动认同与交易的核心要素。因此，在这个阶段，你必须消除**"关键恐惧"**（比如食品安全，关键人推荐），强化**"关键利益"**（比如会员服务、增值收益），还要展现你的**"关键能力"**（比如专利技术、有机认证），同时你还要尽量简化购买流程，提供送货到家的售后服务。

■ **A5，**即在 Advocate（倡导）阶段，即消费者步入**"我推荐"**的重要时期。这一阶段作为 5A 模型的收官环节，既是塑造品牌口碑、实现指数级传播的关键节点，却也是常常被众多经营者所忽视的价值洼地。对于超级道场而言，体验共享是开启社交流量大门的核心密码。社交媒体凭借其无与伦比的广泛性与触手可及的便捷性，为体验的快速传播搭建了广阔舞台。那么，如何将客户深度转化为品牌的忠实拥趸，甚至让他们主动请缨为品牌代言呢？这就要求你 / 企业不仅要着眼于产品和服务品质的提升，还要全方位、深层次地聚焦客户体验与售后服务。

在营销革命 4.0 的宏观背景下，5A 模型并非仅局限于理论层面的架构，其更具深远意义的价值在于为企业提供了一套极具实操性的实践指南。它以不容置疑的态势提醒我们，过往那种孤立、短视的营销行为已难以适应新时代的发展需求。新营销已演变为企业与客户之间展开深度互动的长期动态过程，需要企业在全程与客户紧密携手，深入了解他们的需求和期望，提供符合他们需求的产品和服务，并与之建立长期稳定的私人关系。

（4）客单价

客单价的提升策略可从以下两个关键维度展开。

■　其一，通过优化营销手段与消费体验，激发客户的购买欲，促使他们在单次购物中增加商品采购量，实现**"多买"**。就像星巴克，它将店铺打造成"第三空间"，除了提供优质咖啡，还营造出舒适、放松的社交氛围。消费者在这样的环境中，往往不只是购买一杯咖啡，还会顺手购买一些点心、咖啡豆，甚至是星巴克的周边产品，如马克杯、随行杯等，增加了单次消费的商品数量。

■　其二，凭借产品创新、品牌价值塑造以及成本合理管控，在契合市场需求与客户心理预期的前提下，适度提高商品售价，达成**"贵卖"**。小罐茶在各城市设有体验店，店内装修独特，有专业师傅提供茶叶知识和品鉴服务。曾与多位明星合作推出限量版茶叶，借助明星效应提升客单价。此外，针对商务、节日等场景，设计高端礼品套餐，搭配高品质茶叶与精致茶具，不仅促进了销售，还提升了客单价。

（5）复购率

复购率是衡量客户黏性的关键指标，从消费者行为角度，可细分为主动复购与被动复购，这两种复购模式背后蕴含着不同的驱动逻辑与运营策略。

1）主动复购

■ **夯实产品与服务根基：**以"共情 × 更好 × 不同 × 低价"的营销策略，为超级客户提供高品质、独特性和经济性的产品或服务（需求不可能三角），从售前咨询、售中跟进到售后服务，为客户提供全程无忧的体验。凭借"良质"的产品与服务，积累起优质口碑，促使客户自发成为品牌拥趸，不仅自身频繁回购，还会积极向他人推荐，实现口碑裂变式传播。

■ **激励内容分享与传播：**积极鼓励超级客户（关键人 KOC）在微信朋友圈、视频号、抖音、小红书等各大内容平台分享产品使用体验。通过设置奖励机制，如分享返现、赠送优惠券或小礼品等，激发客户的分享热情，借助他们的真实分享，吸引更多潜在超级客户，扩大品牌影响力与市场份额。

■ **构建会员忠诚体系：**精心打造超级道场会员体系，设置丰富的会员权益，如会员专属折扣、积分加倍、生日福利等。会员积分可用于兑换商品、抵扣现金或参与专属活动，以积分与优惠的双重诱惑，吸引消费者主动回流，提升复购频率。

2）被动复购

经营者要在运营层面发力，强化对超级客户的消息触达与权益触达。借助微信、企微、公众号、视频号等新媒体，精准向客户传达新品上架、限时优惠、专属权益等信息，确保客户不会错过任何有价值的内容。但是，切忌打扰客户，严格限定"**1 条 / 次 / 月**"有价值的信息（发送之前，请你务必思考，这对客户有什么好处），这也是实施"**12 个月感谢计划**"的基本要求。

此外，积极举办有意义的线下活动，是强化品牌与超级客户联系的关键。对于超级玩家来说，核心任务是每年至少与 150 个超级客户进行一次面对面交流。只有这样，你才能和他们建立**私人关系**，增强认同感，有效提升客户黏性与复购率

（6）特别提醒，不要离开 ROI 谈 GMV

打造超级道场，绝非盲目之举，其背后蕴含着深刻且多元的战略思考。倘若打造超级道场仅仅是为了提升品牌形象，而对经济效益与投资回报全然不顾，那自然属于另一种特殊的商业逻辑与决策范畴。但在实际的商业运营与战略规划中，我们更为关注的是如何巧妙地构建与运营超级道场，使其成为一个多功能的价值创造平台。它不仅要成为品牌形象的强力塑造者，以独特的文化内涵和卓越的体验感吸引消费者，提升品牌在市场中的知名度与美誉度；更要成为经济效益的高效引擎，通过创新的商业模式和精细化运营，带来直接与间接的经济收益，实现盈利增长；同时，还需具备强大的赋能能力，为其他渠道提供助力，激发协同效应，全方位提升销售业绩，最终达成品牌价值与经济效益的双赢局面。

事实上，在打造超级道场的长远布局中，还隐匿着一个极具深远意义的终极目标——铸就百年企业。这一宏伟愿景的达成，绝非一蹴而就，而是需要从每一个细微之处精心谋划。其中，"以150个超级客户为中心"的策略理念，便是撬动"小而美增长"的关键支点，也是实现这一宏伟目标的重要出发点。通过深度挖掘这150个超级客户的需求、偏好与价值，与之建立紧密且持久的合作关系，逐步积累品牌口碑与市场影响力，进而实现品牌的稳健成长与可持续发展。

在投资领域，投资回报率（Return on Investment，ROI）作为衡量投资效益的核心指标，具有举足轻重的地位。其计算公式为：（投资收益 - 投资成本）÷ 投资成本 × 100%，简化后即 ROI= 利润 ÷ 投资 × 100%。这里的投资收益涵盖投资活动产生的直接与间接经济收益，投资成本则是为获取收益而投入的资本。以超级道场这类项目为例，在评估其投资效益时，需采用一套契合自身特性的计算方式。鉴于超级道场的综合性，我们暂且抛开工业投资板块，仅聚焦于文旅投资部分。这部分秉持**"轻基建，重运营"**理念，计算时仅考虑直接收益，暂不涉及赋能品牌和其他渠道所带来的间接收益。借助 ROI 公式，投资经营者在开展超级道场项目时，能够清晰直观地了解每一笔投资所带来的利润情况，即"投入多少，盈利多少"。通过对 ROI 数值的分析，便能精准判断其处于何种水平才能确保项目盈利而非亏损，进而有的放矢地制定 ROI 的有效策略，实现投入产出的最大化，为工厂、酒庄、农庄、茶庄和文商旅等各类超级道场项目注入源源不断的发展动力，推动其在激烈的市场竞争中持续、稳健前行。

因此，我们不可离开 ROI 谈 GMV。从两者的关系来看，GMV 只能反映企业在一定时期内的销售规模，仅关注 GMV 会忽略实现这些销售额所付出的成本代价。而 ROI 则综合考虑了投资成本和收益，能够更全面、准确地衡量企业经营活动的效益。换句话说，GMV 的增长并不一定意味着企业经营状况良好，如果为了追求 GMV 的快速增长，过度投入资源，导致成本大幅上升，可能会使 ROI 下降。如果长期忽视 ROI，只追求 GMV 的增长，可能会使企业陷入亏损或资金链断裂的困境。只有在保证一定 ROI 的基础上，GMV 的增长才是有意义和可持续的。

然而，当下在超级道场这类项目的投资领域中，尤其是乡村振兴项目，不少投资经营者往往对投资回报率（ROI）这一关键指标缺乏应有的重视。甚至部分极度乐观的投资者公然宣称，在未来 5 年内不考虑盈利。这一现象着实令人费解，毕竟商业投资的核心目的之一便是获取收益。长达 5 年放弃对回报的追求，无疑让投资暴露在巨大的不确定性之中，极有可能最终竹篮打水一场空，使得前期投入的大量资金与精力付诸东流。

3. 突破增长闭环中的瓶颈

制约理论（TOC）认为：无论多么复杂、精密的系统，都无法摆脱制约因素（Constraint）的影响。这些因素，看似渺小、微不足道，却如同潜藏在暗处的**"瓶颈"**，死死限制着整个系统的生产能力，使系统难以充分释放其全部效能。通俗地讲，TOC 理论就如同木桶理论，即一个木桶能装多少容积的东西，就取决于最短的那块木板。

聚焦到超级道场的增长闭环，我们同样可以将其视作一个有机且紧密关联的运营系统。这个系统的综合能力，并非取决于最强的子系统或要素，而是被系统中最薄弱、最关键的某一个子系统或要素所左右。这个关键要素就像系统的"命门"，其能力的高低，直接决定了整个大系统的运作效能。它的微小变化，都可能引发连锁反应，对系统的各个环节产生深远影响，进而改变或提升整个超级道场的 GMV 目标。

基于超级道场的 GMV 公式，即"GMV= 流量 × 点击率 × 转化率 × 客单价 × 复购率"，这一公式构建起了一个完整且逻辑严密的商业增长模型，为我们清晰呈现了影响超级道场 GMV 的关键要素。如图 4-7 所示，为了精准定位超级道场增长闭环系统中的"瓶颈"，我们需要以科学严谨的态度，对公式中的各个环节（子系统）展开细致入微的分析。深入探究"流量"获取的难易程度，是渠道有限，还是能力和投入有限，抑或是竞争过于激烈？剖析商品"点击率"提升的阻碍，是宣传内容缺乏吸引力，还是展示形式不够丰富多彩？挖掘商品"转化率"难以突破的原因，是产品本身的问题，还是流量不精准，抑或是购买流程不够便捷？研究"客单价"提升的困境，是定价策略不合理，还是产品附加值不足？分析"复购率"增长的障碍，是客户体验不佳，还是缺乏有效的客户维护机制？

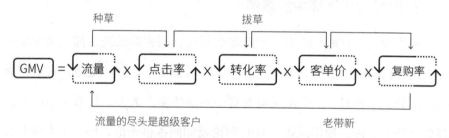

图 4-7　超级道场的增长闭环系统

在超级道场的增长探索之路上，对流量获取、点击率提升、转化率突破、客单价拉高以及复购率增长等关键环节展开深度剖析，是我们突破增长瓶颈的必经之路。这一过程如同一场严谨的科学调研，我们从海量的数据、复杂的用户行为以及多变的市场动态中，抽丝剥茧，层层深入，逐步揭开超级道场增长闭环瓶颈那神秘的面纱。

因此，我们将制约理论（TOC）应用于超级道场的增长闭环系统，具有非凡的意义。它为我们提供了一套科学、系统的思维框架，能够精准解答以下三个关乎超级道场增长闭环的关键问题：

其一，明确改进方向，即"改进什么？"（What to change?）

其二，规划改进目标，即"改成什么样子？"（What to change to?）

其三，制定改进路径，即"怎样促使改进得以实现？"（How to cause the change?）

五、品牌孵化器

你的品牌，你说什么不重要，客户怎么看待才最重要。

——马蒂·纽迈耶

当企业依托超级道场，致力于打造"一次令人难忘、可重复、可分享的超级体验之旅"时，实则开启了一场"动态客户购物之旅"（Dynamic Customer Journey，DCJ）。这一理念源于布瑞恩·索利斯的《体验，未来业务新场景》。DCJ绝非只是商业交易的起点，更是连接品牌与消费者的关键纽带。从**"交易前"**消费者初次接触品牌的好奇，到**"交易中"**深入了解，再到**"交易后"**的持续关注与反馈，DCJ贯穿始终，全方位塑造消费者对品牌的认知与情感。

在体验至上的当下，品牌体验至关重要。若企业不主动塑造体验，就会错失先机。超级道场通过精细化运营各个触点，从场景设计到体验共享，让每次互动都成为品牌价值的输出，强化用户情感连接，提升品牌忠诚度。借助 DCJ 模型，不仅优化了客户路径，还构建起强大的品牌磁场，吸引并留存潜在超级客户。

企业是品牌成长的摇篮，领导人则是引航者，以战略眼光、创新思维与管理理念，引领品牌理念的塑造与传播。超级道场在品牌发展中地位关键，它自品牌诞生便紧密相连，是充满魅力的商业空间，更是培育个人品牌与社群品牌的强大孵化器。在这里，品牌从萌芽状态开始茁壮成长，不断汲取养分，最终从萌芽走向繁荣。

无论是个人品牌的塑造，还是社群品牌的打造，本质上都存在两种截然不同的塑造方式。正如美国知名畅销品牌专家马蒂·纽迈耶在其著作《品牌翻转：创造品牌的不再是公司，而是客户》中所阐述的那样，当下存在着新旧两种品牌模式。

■ 一是**旧的品牌模式**，从公司身份出发，公司（通过产品和广告）创造品牌，品牌吸引（作为被动受众的）客户，客户（通过重复购买）支持公司发展；

■ 二是**新的品牌模式**，从客户身份出发，公司不是先创造品牌，而是（通过产品和社交媒体）先创造客户，再借由客户（购买和宣传）创造品牌，进而由品牌（通过客户的忠诚）维系公司的运转。

未来，品牌建设需要"逆向思维"，品牌未必是由企业来定义的，而是由超级客户及其社群来重新定义的。在这个极易形成圈子的时代，衡量竞争的基本单位不再是细分市场，而是**社群（tribe）**，尤其是超级客户社群。客户们在社群中消费，这让他们感到安全，并拥有成就感；当下的竞争不再是公司之间的竞争，而是社群之间的竞争；那些拥有强大（超级客户）社群的公司将在竞争中胜出。

　　但是，塞斯·戈丁在《社群》一书中写道："大多数公司只关心数字，不关心粉丝。""这些企业所欠缺的，是真正的粉丝们所传递出的承诺和相互关系的深度。"德国新生代思想家韩炳哲在《在群中》一书中写道："人与人的偶然聚集尚不能构成大众，只有当一个灵魂、一种思想将他们联系在一起，才能组成一个团结的、内在同质的群体单位。数字群完全没有群体性的灵魂或者群体性的思想。"

　　因此，那些"没有灵魂，没有思想"的数字群，迫切需要一个超级玩家来进行组织和领导。这个超级玩家的角色至关重要，他需要引导这些群体从虚拟的网络空间回归到现实世界（超级道场），为他们注入灵魂、思想或意义，让社群成员之间建立起更深层次的连接和互动，从而形成一个真正具有凝聚力和生命力的社群。

　　如今，人群的划分依据不再是人口学，而是社会学。在以微信为代表的社交媒体全民化时代，人与人、人与信息之间的互动被赋予了前所未有的多元性与可能性。基于共同兴趣、价值观和生活方式，人们在虚拟空间中迅速聚集，形成一个个特色鲜明的社群。这些社群突破了地域、年龄、职业等传统限制，让"人以群分"走向了极致。

　　正如马蒂·纽迈耶提出的"新品牌模式"所揭示的，在这样的背景下，社群已然成为品牌运营的关键利器。特别是在拥有 14 亿庞大人口基数的国内市场，借助社群的强大凝聚力与传播力，打造"超级社群品牌"和"超级个人品牌"变得更具可行性。比如樊登读书会、蔚来车友会和阿那亚公共事务群，这些成功案例充分彰显了超级社群在品牌塑造与发展进程中的巨大能量。

1. 超级社群品牌

一个强大的品牌背后，必然有一个强大的社群在支撑，社群是品牌的基石和灵魂。

——马克·舍费尔

在社交媒体蓬勃发展、信息传播高度碎片化的当下，"人以群分"的社交特性被无限放大。移动互联网打破了时间与空间的限制，让基于共同兴趣、价值观和追求的人们能轻松聚集，也由此催生了一种全新的品牌模式——超级社群品牌。

所谓的**超级社群品牌**，是指由超级客户及其社群来定义的品牌。这些超级客户凭借对品牌的高度认同与深度参与，在社群中形成强大的向心力与传播力，他们的每一次互动、每一条反馈，都在潜移默化地雕琢着品牌的内涵与形象。

正如加里·维纳查克所言："品牌不再是由公司塑造，而是由社群中的消费者共同定义和推动。"这一观点深刻揭示了新时代品牌发展的底层逻辑。企业的核心目标是创造客户，基于此，企业在品牌塑造过程中，必须完成从"企业身份"到"客户身份"的思维转变。这意味着要以客户为中心，尤其要将目光聚焦在以150个超级客户为中心之上。他们犹如品牌发展的关键支点，对品牌的走向有着不可忽视的影响力。企业需用心倾听他们的建议，精准捕捉他们的行为偏好，通过这些洞察，深度理解客户需求。超级玩家作为品牌与超级客户之间的关键连接者，肩负着引领公司与超级客户紧密站在一起的重任，促使公司全体成员全身心投入对客户感知和体验的深度关注中，将客户需求融入公司运营的每一个环节。

在超级社群品牌成长初期阶段，超级道场是最好的**孵化器**。只有超级道场才能提供足够的想象空间，能够对客户体验进行充分的设计。马蒂·纽迈耶认为，你无法决定客户是否拥有绝佳的体验，你能做的只是设计好客户体验；当今的客户不再只是购买某个品牌的产品，而是加入进来成为这个品牌的一部分；他们不仅乐于向自己的朋友宣传这个品牌，也愿意提供内容，提供志愿服务，甚至参与到产品的销售或服务中来。在体验经济时代，产品已经成为货架上的内容，零售环境不仅是顾客购买产品的场所，也是一个创造内容的道场，更是为消费者创造独特难忘体验的地方。你只需要把目标客户群"请进来"，超级道场就能够孵化出真正属于你的精准客户群，这个孵化客户的过程，也是一种培养社群品牌、创造销售机会的有效工具。通过理解和应用超级道场效应，企业可以更好地筛选和管理客户资源，提高销售效率和客户满意度。

超级道场，本身是一个**超级内容工厂**。未来，几乎所有的消费品公司都会把工厂／总部打造成一个超级内容工厂，依靠多样化的、个性化的、丰富的场景化打造，让消费者愿意主动拿出手机拍照，并在社交媒体去分享和传播，形成了 UGC 效应（用户生成内容），吸引客户参与到内容创作中来。让超级客户及其社群积极参与到品牌建设中来，有利于超级社群品牌的孵化和成长。超级道场是最大的广告，可以让超级客户社群聚在一起产生情感丰富的交流，并在他们心目中建立起强大的品牌印象。

在 2016 年，中国乳制品市场规模约达 3 000 亿，蒙牛和伊利凭借深厚的底蕴与广泛布局，占据了线下渠道 80% 以上的市场份额，行业竞争格局看似稳固，新品牌入局难度极大，然而就在这一年，认养一头牛却悄然创立，以独特的战略眼光瞄准了"年轻宝妈"这一细分群体，将品牌定位为"一家替用户养牛的公司"，并喊出了极具吸引力的口号："买牛奶，不如认养一头牛"，精准切中目标客户对品质与体验的追求。2017年8月，认养一头牛开创性地启动"牧场溯源旅游活动"，这一举措成为品牌发展的关键转折点。2020年5月，品牌乘胜追击，发起"百万家庭认养计划"，进一步强化用户与品牌的深度链接。线下，认养一头牛依托超级牧场体验，构建起内容与商业闭环，让消费者沉浸式感受品牌的独特魅力；线上，借助微信、抖音等社交媒体平台，实现了品牌传播与产品销售的高效协同，真正做到"品销合一"。在短短6年时间里，认养一头牛创造了令人瞩目的商业奇迹。从2019年营收5亿元，到2022年突破30亿元，实现了数倍的飞跃式增长，累计购买客户超过1 900万，其中超1 600万客户参与认养了6万头奶牛。在这期间，认养一头牛精心组织了数百场全程牧场溯源旅游活动，吸引了数万用户实地探访现代化牧场。认养一头牛的牧场堪称超级道场，在这里，消费者能够从饲料的严格筛选、水源的精心把控，到牛舍的舒适环境、挤奶大厅的高效作业，再到饲养员的悉心照料以及数智化的科学管理，全方位、零距离地参与牛奶从生产到送达餐桌的全过程，亲眼见证"奶牛伙食费80块""听音乐做SPA""奶牛养得好，牛奶才会好"这些理念如何被品牌践行到极致。如今，认养一头牛已然成功蜕变，成为万千母婴家庭及其他需求人群高度认可的超级社群品牌。

2. 超级个人品牌

21世纪的工作生存法则就是建立个人品牌。

——汤姆·彼得斯

在 1895 年出版的《乌合之众》（*Psychologie der Massen*）一书中，大众心理学奠基者古斯塔夫·勒庞（Gustave Le Bon）提出，现代堪称"大众的时代"。他认为，这一时期是人类思想发展进程中极为关键的转折点，大众力量开始崛起，其观念、行为模式深刻重塑社会的各个层面，从政治生态到文化潮流，都在大众的影响下发生着前所未有的变革，开启了人类思想的全新演变阶段。

未来的社会组织将不得不面对一种新的权力，即大众的权力。古斯塔夫·勒庞言简意赅地断言："我们正在步入的时代实际上将是一个大众的时代。"韩炳哲在其著作《在群中》里也曾指出，勒庞认为传统的秩序已经瓦解，"大众的声音"如今占了上风。他认为，如今的我们又一次陷入危机，即数字革命，它催生了反复无常、仓促且不稳定、轻率而又不负责任的**"数字群"**；它的解体和它的产生一样迅速；数字群之所以不能成为大众（Massen），是因为它没有灵魂，亦无思想，且缺乏团结性；随着社会中利己主义的强化和原子化（Atomisierung）的发展，团结正在消失，私有化正在进一步深入人们的骨髓。

因此，为了应对数字时代的失重感和流动性，以及被绝对化了的算法和加法，我们必须重新回到坚不可摧的土地秩序上，建设由工厂、门店和场景组成的超级道场。这个超级道场，绝非简单的物理空间组合，而是一个承载着实体根基与精神内涵的聚合体，更是孕育社群与个人品牌的肥

195

沃土壤。既然人与人的偶然聚集不能构成大众，仓促且不稳定的数字群也不能成为大众，那就通过超级道场将社群和个人联系在一起，围绕一个使命、一种思想和文化，组成一个团结的、内在同质的群体单位。在这里，社群中的每一个个体都能找到归属感，他们相互协作、彼此影响，在虚实交融的世界里，共同推动着社群与个人品牌的成长。

超级道场有利于建立超级个人品牌。从短期视角来看，打造个人品牌，尤其是**创始人 IP**，相对于建立超级道场而言，在操作层面具有一定的便利性和灵活性。以李子柒为例，她凭借对中国传统美食和田园生活的独特记录与展示，在短视频平台迅速走红。她通过个人形象、精湛厨艺以及充满诗意的乡村生活场景，塑造出极具辨识度的个人品牌。而她的超级道场就是她生活和拍摄的田园乡村环境，包括传统的农舍、大片的农田、山林等。在这个道场里，她展示了从种植、采摘到加工制作各种传统美食的全过程，如制作传统酱油、手工酿酒等。这种个人品牌的成长方式，为构建超级道场奠定了坚实的基础。

从长远发展来看，超级道场对于个人品牌成长而言，无疑是强大的孵化器和助推器。超级道场作为一个集实体场景、文化内涵与社群活动于一体的综合性平台，为个人品牌提供了更为广阔的发展空间。以樊登为例，他依托樊登读书构建起属于自己的超级道场。通过线下举办读书分享会、建立樊登书店，线上 App 提供大量的书籍解读音频、视频内容等多种形式，构建了一个全方位的知识学习和交流平台。在樊登读书的社群中，众多书友通过参与线上线下的读书分享会结识彼此。樊登也借助这个超级社群不断优化产品和服务，推出更多符合用户需求的读书课程和活动。在这个紧密相连的社群中，就如同拥有超级道场的个人品牌能够吸引到超级客户一样，樊登收获了大量忠实且具有影响力的书友，这些书友凭借自身的资源和人脉，帮助樊登读书拓展市场，举办各类大型活动，让樊登读书的品牌影响力不断扩大。

在移动互联网蓬勃发展、社群经济异军突起的当下，商业格局正经历着前所未有的深刻变革。在这样的时代浪潮中，打造创始人IP，进而凭借一人之力带动一个企业的蓬勃发展，早已不再是天方夜谭，而是切切实实地成了现实，甚至演变成一种不可阻挡的趋势。以小米的雷军为例，雷军凭借自身在科技领域深厚的专业知识、前瞻性的战略眼光以及极具感染力的个人魅力，打造出极具影响力的个人IP。从早期在金山软件的奋斗历程，到创立小米后频繁在各类科技论坛、新品发布会亮相，他的一举一动都备受关注。他对产品极致追求的理念，通过个人的言行传递给消费者，使得小米品牌在消费者心中树立起"高性价比、技术创新"的形象，吸引了大批米粉，有力地推动了小米从一家初创公司成长为全球知名的科技企业。

因此，如果你志在成为行业内的**"专业经营者"**，变身引领超级客户社群的"超级玩家"，那么建立"超级个人品牌"无疑是你迈向成功的关键一步。然而，打造个人品牌，并不意味着必须成为坐拥千万、百万粉丝的超级网红/大V/KOL。当下，很多人陷入一种误区，盲目追求粉丝数量的增长，从而产生严重的粉丝焦虑症。然而，真正的成功并非取决于粉丝数量的堆砌，而是在于粉丝的质量和影响力。事实上，只要能够精准地影响到10 000个甚至1 000个精准客户，你就已经迈出了成为超级玩家的坚实步伐。从更具实操性的角度来讲，如果你能够切实拥有150个超级客户，那么恭喜你，你已具备了在细分领域成为超级玩家，打造超级个人品牌的实力。

正如汤姆·彼得斯所言："21世纪的工作生存法则就是建立个人品

牌。"在当下的社群经济中，超级个人品牌的建立对于超级社群品牌打造的重要性越发凸显。每个社群成员的个人品牌都如同一个闪耀的节点，在信息传播的网络中发挥着独特的作用。当众多成员的个人品牌相互交织、相互影响时，它们所汇聚起来的力量将如汹涌浪潮，有力地推动整体品牌的蓬勃发展。

六、EBDA模型下超级道场案例分析

全面推进乡村振兴是新时代新征程"三农"工作的总抓手，在推动经济发展与社会进步中扮演着重要角色。从投资视角来看，投身乡村振兴项目，恰似精心打造一个超级道场。在此超级道场中，每个商业体（吃喝玩乐购）若能坚持以150个超级客户为中心，充分发挥各自的优势，形成一个个小而美的增长极，这些增长极汇聚在一起，既能驱动整个超级道场实现业绩增长，又能聚力形成超级社群品牌，进而构建起可持续的增长闭环系统，达成品牌塑造与实际效果的高度统一，即品效合一。

经对 EBDA 模型的深度钻研可知，该模型可为乡村振兴项目提供一套系统的方法论。接下来，借助 EBDA 模型，我们将对浙江莫干山的"裸心谷"农庄、福建武夷山的"大红袍"茶庄以及江苏无锡的"田园东方"农文旅项目进行案例分析。案例分析中的数据均是基于公开资料、行业报告和案例研究的综合推断，并非直接引用具体的数据来源。

1. 农庄：莫干山"裸心谷"

浙江莫干山的"裸心谷"，无疑是高端田园度假的卓越典范。这里群山环抱，翠竹摇曳，自然风光美不胜收。木制别墅与树屋隐匿其中，与自然相融。游客能体验农耕、品味有机美食，享受 SPA 放松身心，于静谧中尽享惬意，重新定义高端田园度假新体验。

（1）共情（Empathy）：理解城市消费者的田园梦想

■ **实施路径：** 通过市场调研和用户访谈，深入了解城市消费者对田园生活的向往和需求。设计沉浸式体验活动，如农耕体验、采摘活动、乡村美食制作等。

■ **案例分析：** 裸心谷通过打造高端田园度假体验，吸引了大量城市中产阶级消费者。农庄通过共情设计，满足了消费者对自然、宁静和健康生活的需求。在裸心谷的客户中，80% 为城市中产阶级。根据《中国旅游统计年鉴》，裸心谷的年均入住率超过 75%，客户满意度高达 95%。

（2）更好（Better）：提升服务与设施品质

■ **实施路径：** 提供高品质的住宿和餐饮服务，确保消费者的舒适体验。引入现代化设施，如智能温控、环保能源等，提升农庄的可持续性。

■ **案例分析：** 裸心谷的别墅和树屋设计融合了现代与自然，提供了高品质的住宿体验，消费者对住宿体验的满意度高达 90%；根据裸心谷的可持续发展报告，其环保措施使能源消耗降低了 30%。

（3）不同（Different）：打造独特的田园文化

■ **实施路径：** 结合当地文化特色，设计独特的田园活动和节庆活动。通过品牌故事和视觉设计，形成农庄的差异化优势。

■ **案例分析：** 裸心谷通过举办乡村音乐节、农耕文化展等活动，打造了独特的田园文化。根据《中国旅游报》报道，裸心谷通过举办乡村音乐节、农耕文化展等活动，年均吸引游客超过 10 万人次，品牌知名度提升了 40%。

（4）低价（Affordability）：优化成本结构

■ **实施路径：**通过规模化运营和资源整合，降低运营成本。推出会员制和套餐服务，提升客户黏性。

■ **案例分析：**裸心谷通过会员制和套餐服务，实现了高性价比，客户复购率超过 60%；根据裸心谷的年度报告，其会员制和套餐服务使客户复购率超过 60%；通过规模化运营，裸心谷的运营成本降低了 20%。

2. 茶庄：武夷山"大红袍"茶庄

福建武夷山的"大红袍"茶庄，堪称茶文化与旅游完美结合的典范。踏入茶庄，茶香扑鼻，漫山遍野的茶树郁郁葱葱。游客不仅能漫步茶园，体验亲手采茶、制茶的乐趣，还能参与茶道表演，品尝正宗大红袍，在茶香四溢中领略武夷茶文化的独特韵味。

（1）共情（Empathy）：茶文化爱好者的需求

■ **实施路径：**通过茶文化讲座和品鉴活动，深入了解茶文化爱好者的需求。设计茶文化体验活动，如采茶、制茶、茶道表演等。

■ **案例分析：**福建武夷山的"大红袍"茶庄通过茶文化体验活动，吸引了大量茶文化爱好者。根据《福建旅游统计年鉴》，大红袍茶庄的年均游客量超过 15 万人次，其中 70% 为茶文化爱好者，客户满意度高达 90%。

（2）更好（Better）：提升茶叶品质

■ **实施路径：**通过有机种植和传统工艺，提升茶叶品质。引入现代化设备，确保茶叶的标准化生产。

■ **案例分析**：根据大红袍茶庄的产品质量报告，其有机种植使茶叶的农药残留降低了 50%；大红袍茶庄通过有机种植和传统工艺，多次获得国际奖项，消费者对茶叶品质的满意度高达 95%。

（3）不同（Different）：打造独特的茶文化品牌

■ **实施路径**：结合当地茶文化，设计独特的品牌故事和视觉形象。通过茶文化旅游和节庆活动，形成茶庄的差异化优势。

■ **案例分析**：大红袍茶庄通过举办茶文化旅游节和茶文化展览，打造了独特的茶文化品牌，吸引了大量游客。根据《福建日报》报道，大红袍茶庄通过举办茶文化旅游节和茶文化展览，年均吸引游客超过 20 万人次；独特的茶文化品牌使大红袍茶庄的品牌知名度提升了 50%。

（4）低价（Affordability）：优化成本结构

■ **实施路径**：通过规模化种植和资源整合，降低生产成本。推出会员制和套餐服务，提升客户黏性。

■ **案例分析**：根据大红袍茶庄的年度报告，其会员制和套餐服务使客户复购率超过 50%；通过规模化种植，茶叶的生产成本降低了 30%。

3. 农文旅：无锡"田园东方"

江苏无锡的"田园东方"，无疑是农文旅融合的创新典范。这里既有广袤的田园风光，四季皆有不同的农作物景观。还设有亲子农耕体验区、民俗文化展览等丰富活动。游客能亲身参与农事，感受民俗文化，在这片土地上实现农业观光、文化体验与休闲旅游的完美融合。

（1）共情（Empathy）：理解游客的文化与自然需求

■ **实施路径：**通过市场调研和用户访谈，深入了解游客对文化与自然的需求。设计融合农业与文化的旅游项目，如农耕体验、文化展览、自然探险等。

■ **案例分析：**江苏无锡的"田园东方"农文旅项目通过融合农业与文化旅游，吸引了大量游客。根据《江苏旅游统计年鉴》，田园东方的年均游客量超过 30 万人次，其中 60% 为家庭游客，客户满意度高达 90%。

（2）更好（Better）：提升服务与设施品质

■ **实施路径：**提供高品质的住宿和餐饮服务，确保游客的舒适体验。引入现代化设施，如智能导览、环保能源等，提升项目的可持续性。

■ **案例分析：**田园东方通过高品质的住宿和餐饮服务，游客满意度高达 90%。根据田园东方的可持续发展报告，其环保措施使能源消耗降低了 25%。

（3）不同（Different）：打造独特的农文旅品牌

■ **实施路径：**结合当地文化特色，设计独特的农文旅活动和节庆活动。通过品牌故事和视觉设计，形成项目的差异化优势。

■ **案例分析：**田园东方通过举办农耕文化节、乡村音乐节等活动，打造了独特的农文旅品牌，吸引了大量游客。

（4）低价（Affordability）：优化成本结构

■ **实施路径：**通过规模化运营和资源整合，降低运营成本。推出会员制和套餐服务，提升客户黏性。

■ **案例分析：**根据田园东方的年度报告，通过会员制和套餐服务，实现了高性价比，其会员制和套餐服务使客户复购率超过 60%。

致 谢

缘于内心深处对"小而美"生活的向往，促使我深入钻研小而美的增长理论，尤其是 EBDA 超级玩家模型。我满心期待这份成果，既能助力众多企业在复杂的市场中稳步增长，也能为我自己开拓一条小而美的人生之路，在工作和生活中收获更多从容与快乐。

研究 EBDA 模型之初，我主要把精力集中在协助企业突破客户需求的"不可能三角"，吸引并留住超级客户，从而实现小而美的增长。可随着研究的深入，我越发明白，家人才是我们生命中最珍贵的"超级客户"。他们的需求也是一个独特的"不可能三角"：**情感关怀、时间陪伴、经济保障**。

生活节奏匆匆，我们都在为家人创造更好的物质条件而拼搏，一心想积累更多财富。然而，在这过程中，陪伴家人的时间常常不知不觉被牺牲。当我们想停下脚步多陪陪家人，经济压力又可能接踵而至，让人左右为难。其实，爱并不只是简单的情感表露，而是毫无保留地投入，长久耐心地陪伴，以及稳定可靠的物质支撑，让家人于日常中真切感受。尽管这三者很难同时实现，但它们一直是我最渴望为家人达成的目标。这本书，既是我对商业增长的深度思考，也是我对家庭关系的深刻反思与美好期许。

在此，我要向孟跃咨询的客户和同事们致以最诚挚的谢意。你们的信任与支持，是我不断前行的强大动力。还要特别感谢上海剧星传媒、安徽华力设计院、浙江商源集团、合肥麦峰电商、天津卫酒集团、安徽焦陂酒海庄园、湖北劲酒集团、安徽迎驾集团、安徽金种子集团、安徽省乡村振兴促进会、安徽梦田文旅、舒城九一六茶园、山西黎侯宴股份公司这些合作伙伴，是你们让 EBDA 模型在真实商业场景中得到充分验证与优化。同时，感谢王孝峰、赵旭和胡健老师，与你们的思想碰撞让我受益匪浅，也感谢武朋朋老师精美的插图设计。

最后，感谢我最亲爱的妻子和宝贝女儿，你们是我生命中最耀眼的光，一直包容我的忙碌，体谅我的奔波，在我追逐梦想的道路上默默支持。未来，我会以 EBDA 模型为指引，用心经营我们的家庭，努力在爱、陪伴与财富之间找到完美平衡，不辜负你们的深情厚谊。

愿每一位翻开这本书的读者朋友，都能从中汲取灵感与力量，实现生活与事业的和谐统一，收获小而美的幸福人生。

孟 跃

2025 年 2 月